L'Exposition pour Tous

Visites pratiques à travers les Palais

VUE D'ENSEMBLE
LES NOUVEAUX PALAIS DES CHAMPS-ÉLYSÉES
LE PONT ALEXANDRE III ET LES PALAIS DE L'ESPLANADE DES INVALIDES
LA RIVE GAUCHE DE LA SEINE — RUE DES NATIONS
LES EXPOSITIONS ÉTRANGÈRES — LES PALAIS DU CHAMP-DE-MARS — LA TOUR EIFFEL — LE TROCADÉRO
LES COLONIES FRANÇAISES — LA RIVE DROITE DE LA SEINE
LA RUE DE PARIS — LES ATTRACTIONS DE L'EXPOSITION — L'EXPOSITION ANNEXE DE VINCENNES

NOMBREUSES ILLUSTRATIONS DE MM.

**BOMBLED, FRAIPONT, GAREN, HOFFBAUER, ROBIDA
TOUSSAINT, etc., etc.**

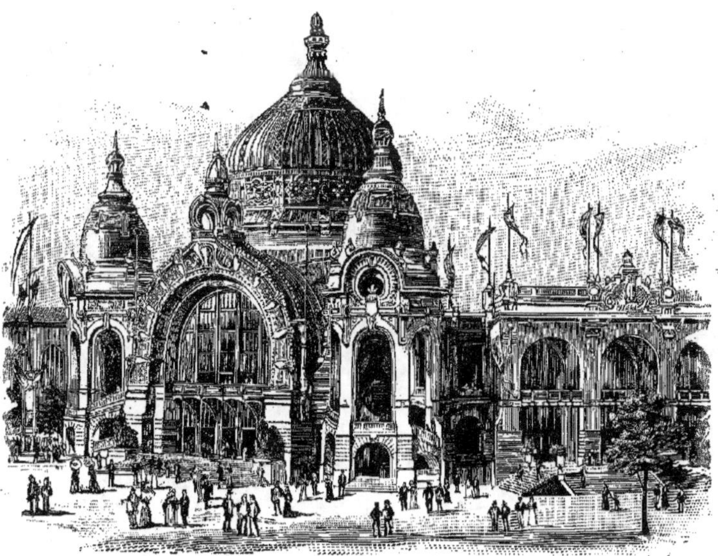

MONTGREDIEN & Cie, ÉDITEURS

LIBRAIRE ILLUSTRÉE, Rue Saint-Joseph, 8, PARIS

—

1900

L'Exposition
pour Tous

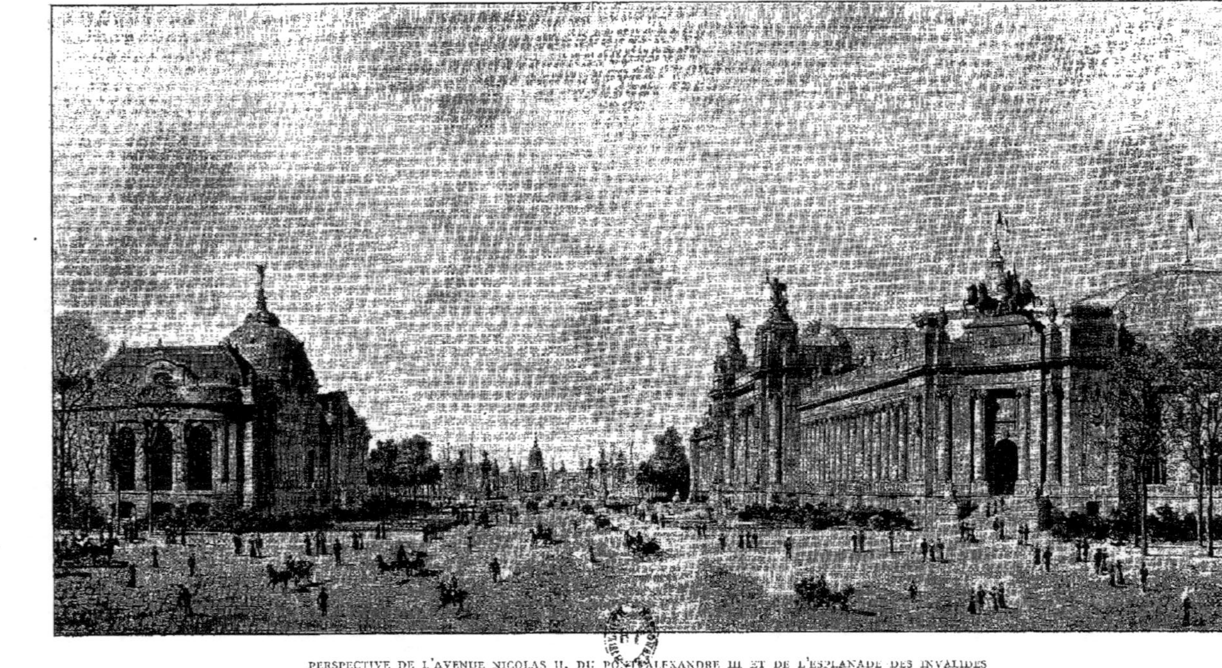

PERSPECTIVE DE L'AVENUE NICOLAS II, DU PONT ALEXANDRE III ET DE L'ESPLANADE DES INVALIDES

Vue prise de l'entrée d'honneur sur les Champs-Élysées.

Au premier plan : à gauche, le Petit Palais; à droite, le Grand Palais; au milieu, l'avenue Nicolas II et les jardins.
Au second plan, les pylônes du pont Alexandre III. Au fond, les palais de l'Esplanade et le dôme de la chapelle des Invalides.

L'Exposition pour Tous

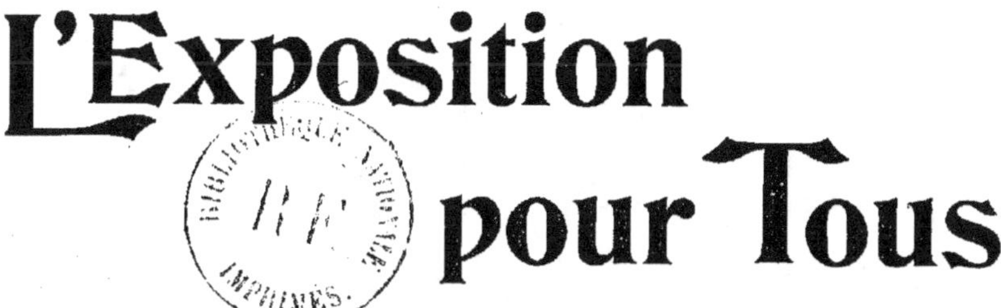

Visites pratiques à travers les Palais

VUE D'ENSEMBLE

LES NOUVEAUX PALAIS DES CHAMPS-ÉLYSÉES

LE PONT ALEXANDRE III ET LES PALAIS DE L'ESPLANADE DES INVALIDES

LA RIVE GAUCHE DE LA SEINE — RUE DES NATIONS

LES EXPOSITIONS ÉTRANGÈRES — LES PALAIS DU CHAMP-DE-MARS — LA TOUR EIFFEL — LE TROCADÉRO

LES COLONIES FRANÇAISES — LA RIVE DROITE DE LA SEINE

LA RUE DE PARIS — LES ATTRACTIONS DE L'EXPOSITION — L'EXPOSITION ANNEXE DE VINCENNES

NOMBREUSES ILLUSTRATIONS DE MM.

BOMBLED, FRAIPONT, GAREN, HOFFBAUER, ROBIDA
TOUSSAINT, etc., etc.

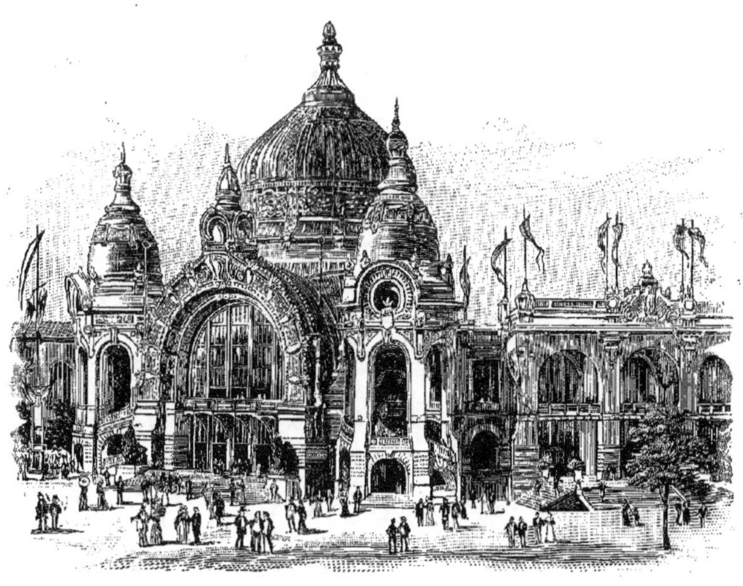

MONTGREDIEN & Cie, EDITEURS

LIBRAIRIE ILLUSTRÉE, Rue Saint-Joseph, 8

PARIS

AVANT-PROPOS

Le samedi 14 avril 1900 aura lieu, dans l'immense Salle des Fêtes du Champ-de-Mars, qui occupe le centre de l'ancienne Galerie des machines de 1889, l'inauguration officielle de l'Exposition Universelle Internationale de Paris. Le lendemain, 15 avril, dimanche de Pâques, les portes de l'Exposition seront ouvertes au public.

Cette manifestation grandiose, digne couronnement du XIXᵉ siècle, dépassera en splendeur toutes celles qui l'ont précédée. Elle est le résultat d'une somme colossale d'idées, dont les meilleures ont été conservées par une série d'heureuses sélections, et réalisées par six années d'efforts matériels.

Ces efforts ont donné naissance à une véritable cité nouvelle, formant une agglomération absolument à part au milieu de la grande capitale, avec son enceinte, ses portes, son administration spéciale, tous les services compliqués d'une ville autonome.

C'est une ville merveilleuse, une ville de rêve, uniquement composée de palais magnifiques, surgissant de toutes parts autour de voies triomphales, d'avenues plantées d'arbres, de jardins dessinés avec art et entretenus avec un soin minutieux. Partout des perspectives superbes et incessamment variées, tous les peuples du monde ayant coopéré à l'œuvre commune, en y apportant leur génie, leurs goûts, leur architecture typique. C'est le monde entier en raccourci ; c'est aussi, par le côte-à-côte des expositions centennales avec les expositions modernes, le résumé de l'histoire d'un siècle de civilisation. Toutes les années du centenaire qui s'achève, tous les pays du monde, ont orné ces palais et les ont remplis des productions les plus parfaites des arts, des sciences, des innombrables branches de l'activité humaine. C'est aussi de toutes parts qu'accourront les foules qui peupleront la glorieuse cité.

Et voilà que demain, cette ville aussi éphémère que prestigieuse, véritable décor de féerie, s'évanouira comme un beau rêve. Au bout de six mois d'une fête splendide et ininterrompue, il n'en restera plus que le souvenir. Elle aura passé, toutes proportions gardées, comme un de ces brillants feux d'artifices, dont la longue préparation n'aboutit qu'à réjouir les yeux pendant quelques instants.

Il y a, toutefois, une différence essentielle. Alors que les fusées, et les capricieuses luminosités qu'elles accompagnent, n'ont d'autre signification que celle de la joie, d'autre but que le plaisir des yeux, l'Exposition de 1900 sera à la fois un spectacle attrayant et la consécration d'une date dans l'histoire industrielle du monde.

Seul un but aussi élevé pouvait justifier ce déploiement du génie des architectes *et des artistes auquel nous avons assisté, cette dépense de millions pour l'édification de palais destinés à ne durer qu'un jour. Il fallait préparer aux œuvres de l'activité universelle un écrin digne d'elles, graver dans les mémoires une impression profonde, faire de cette manifestation comme le début d'une ère nouvelle à l'entrée d'un siècle nouveau.*

L'Exposition devant être la grande — on pourrait presque dire l'unique préoccupation de l'année 1900 — il n'est pas étonnant que toutes les curiosités en éveil se soient portées vers elle, que l'on ait recherché et accueilli avec empressement les renseignements relatifs à ses travaux, les dessins familiarisant les yeux avec la physionomie de ses palais.

C'est que l'on se rendait fort bien compte qu'à moins d'une préparation préalable, le visiteur, quel qu'il fût, Parisien ou étranger, en pénétrant pour la première fois dans l'enceinte de l'Exposition, y éprouverait nécessairement la sensation déconcertante de l'arrivée dans un pays inconnu.

Parmi les livres destinés à répondre à cette curiosité, il n'en est pas qui ait rencontré plus de succès auprès du public que l'Exposition de Paris de 1900, dont le format, le mode de publication, le soin apporté à la rédaction, le luxe de gravures, de planches hors texte en couleur, de grandes vues panoramiques, ont contribué à faire une œuvre de premier ordre, tenant ses lecteurs au courant, au jour le jour, de tous les faits relatifs à l'Exposition, et destinée à former, lorsqu'elle sera terminée, la synthèse la plus complète, la plus vivante, la plus attrayante par son abondance de dessins, du Paris de 1900 et du XIXe siècle.

Notre but, dans ces pages, est tout autre. Mais, quoique plus modeste, il n'est pas moins utile.

Dans une sorte de Keepsake portatif, de format américain, nous voulons prendre le visiteur par la main et le promener partout dans l'Exposition, non à la façon d'un guide aride, mais comme un compagnon aimable, soucieux de renseigner sans fatiguer, de faciliter les moyens de tout voir et de bien comprendre tout ce qu'on voit, de donner une attachante vue d'ensemble des choses, tout en signalant au passage les objets les plus dignes d'attention.

Être complets, instructifs, intéressants, vivants, pratiques, nourris d'informations, telle est notre ambition et notre espérance.

Les petits plans très clairs, les dessins très soignés semés à profusion dans les pages qui suivent, tout en facilitant notre tâche, donnent à cette publication une utilité et un attrait de plus.

Voir, en Appendice, à la fin du volume, nos *Conseils pratiques aux Visiteurs de l'Exposition de 1900.*

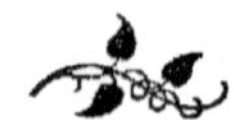

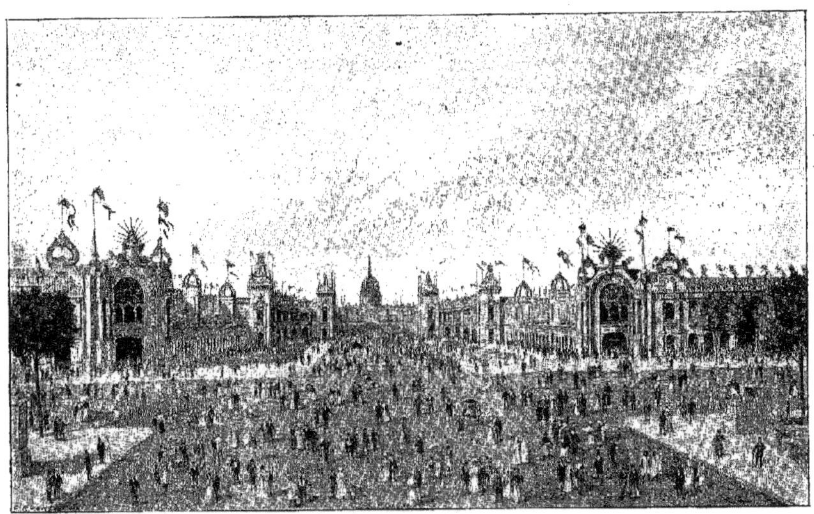

L'EXPOSITION DE 1900

I

Vue d'Ensemble

La superficie affectée à l'Exposition de 1900 est beaucoup plus considérable que celles de toutes les Expositions précédentes. Elle comprend, en effet, le Champ-de-Mars, le Trocadéro et ses abords, le quai d'Orsay, l'Esplanade des Invalides, le quai de la Conférence, le Cours la Reine, l'emplacement du Palais de l'Industrie et les terrains avoisinants entre son axe longitudinal prolongé, l'avenue d'Antin et le Cours la Reine, — soit une superficie totale d'environ 1 080 000 mètres carrés, sur lesquels 460 000 mètres carrés sont couverts de constructions [1].

1. Superficies des précédentes Expositions Universelles de Paris :
1855 : 168.000 mètres carrés, dont 120.000 construits.
1867 : 687.000 mètres carrés, dont 166.000 construits.
1878 : 750.000 mètres carrés, dont 280.000 construits.
1889 : 960.000 mètres carrés, dont 290.000 construits.

En se reportant à notre plan d'ensemble (p. 9), il sera facile de se faire une idée de la situation et de l'importance des diverses parties de l'Exposition, qui se trouve divisée, par suite même de la disposition topographique des surfaces qu'elle occupe, en un certain nombre de sections plus ou moins indépendantes les unes des autres.

Ainsi, les deux Palais des Champs-Elysées et leurs abords forment un tout bien homogène et bien distinct du reste de l'Exposition. En face, lorsqu'on a franchi le pont Alexandre III, l'Esplanade des Invalides constitue une section non moins autonome. La « Rue des Nations », c'est-à-dire la double ligne de palais des puissances étrangères qui s'étend sur la rive gauche de la Seine, entre le pont des Invalides et le pont de l'Alma, présente également une physionomie particulière et se trouve localisée dans une zone distincte, avec les Palais des Armées de terre et de mer et de l'Hygiène. L'individualité du Champ-de-Mars est incontestable : celle du Trocadéro ne l'est pas moins. Enfin, la rive droite de la Seine, entre le Trocadéro et le pont des Invalides, forme une zone allongée parallèle à celle de la rive gauche et non moins indépendante.

Il n'y a pas de doute que cette disposition fragmentée, bien loin de gêner les visiteurs, leur facilite au contraire les moyens de s'y reconnaître dans l'immensité de l'Exposition, beaucoup mieux que si celle-ci était concentrée en un vaste bloc bien régulier. Elle permet de sérier les visites, de parcourir l'Exposition « par tranches », sans rien omettre d'essentiel. Elle présente, en outre, l'avantage de disperser les foules, et de rendre, par suite, la circulation plus aisée.

Néanmoins, pour assurer l'unité et la viabilité facile de la « Ville de l'Exposition », il était indispensable d'établir des communications suffisantes entre les deux rives de la Seine, en bordure desquelles s'étendent, sur une longueur de 2.350 mètres, les diverses parties de ce vaste ensemble. C'est dans ce but qu'ont été conçus les projets d'un large pont dans l'axe de l'Esplanade des Invalides, — le pont Alexandre III, œuvre monumentale destinée à survivre à l'Exposition, — et de trois passerelles provisoires : l'une à quelques mètres en aval du pont des Invalides, la deuxième en amont du pont de l'Alma, la troisième dans l'axe de la partie centrale du Palais des Armées de terre et de mer. Enfin, le pont d'Iéna a été élargi. De cette façon, toutes les parties de l'Exposition se trouvent intimement reliées, et l'on peut passer de l'une à l'autre sans la moindre difficulté.

L'enceinte de ce monde à part est une palissade pleine en planches, sobrement festonnée par le haut, peinte en vert clair, et décorée, de distance en distance, d'appliques de même couleur en treillage, susceptibles de servir éventuellement de support à des plantes grimpantes naturelles, ou même au besoin

artificielles, aux endroits qui se prêteront à semblable ornementation.

On y pénètre par trente-six portes, dont quelques-unes à double et triple guichet, afin d'aiguiller le public dans diverses directions. Ces portes ont été réparties sur les diverses sections de l'enceinte de telle sorte que, de quelque point de la Capitale qu'arrivent les visiteurs, ils puissent trouver accès dans l'Exposition.

Une remarque s'impose. Au fur et à mesure que se sont agrandies les surfaces affectées aux Expositions Universelles de Paris, les nouvelles zones successivement annexées se sont rapprochées peu à peu du centre de la Capitale et leurs portes se sont trouvées par conséquent de plus en plus accessibles au public.

Déjà, en 1889, l'une des portes de l'Esplanade des Invalides était à deux pas du pont de la Concorde. En 1900, l'enceinte de l'Exposition affleure à la fois sur la place de la Concorde et sur l'avenue des Champs-Elysées, c'est-à-dire, dans une des parties les plus animées de la Capitale, offrant aux visiteurs des facilités d'accès jusqu'ici inconnues.

C'est nécessairement là que se portera le plus grand afflux des foules.

C'est, sans nul doute, cette situation exceptionnelle de la plus belle partie de l'Exposition à proximité du centre de Paris qui a donné à ses organisateurs l'idée de signaler l'entrée principale de son enceinte, — ce qui n'avait été fait à aucune des Expositions précédentes, — par une vaste composition architecturale en rapport avec les magnifiques spectacles auxquels elle donne accès, — et qui nous a valu la belle porte monumentale de M. Binet.

De même, sur l'avenue des Champs-Elysées, à l'entrée de la superbe avenue Nicolas II, il n'était pas possible de se contenter de simples guichets ouverts dans la banale palissade en planches. On a substitué à cette dernière une grille, dans laquelle s'ouvrent deux portes constituant ce qu'on appelle l'*entrée d'honneur*.

Il y a, d'ailleurs, une remarque générale à faire. Un sentiment très net de l'esthétique, un goût très pur, caractérisent l'ensemble et les détails de l'Exposition de 1900. Ses organisateurs et ses architectes ont eu un souci constant de l'équilibre des proportions, des perspectives, de la décoration. Palais et monuments, parcs et jardins, se marient en une harmonieuse succession de belles choses, variées sans être disparates, sans

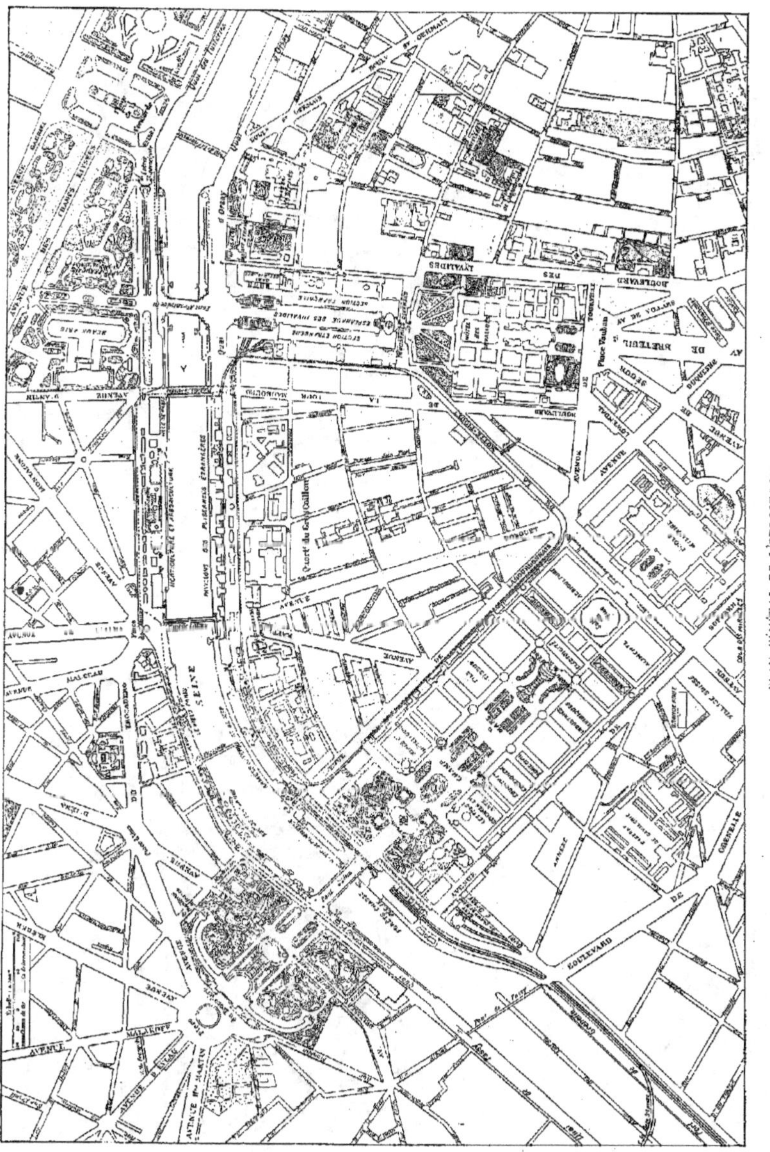

Panorama général des nouveaux Palais, du pont

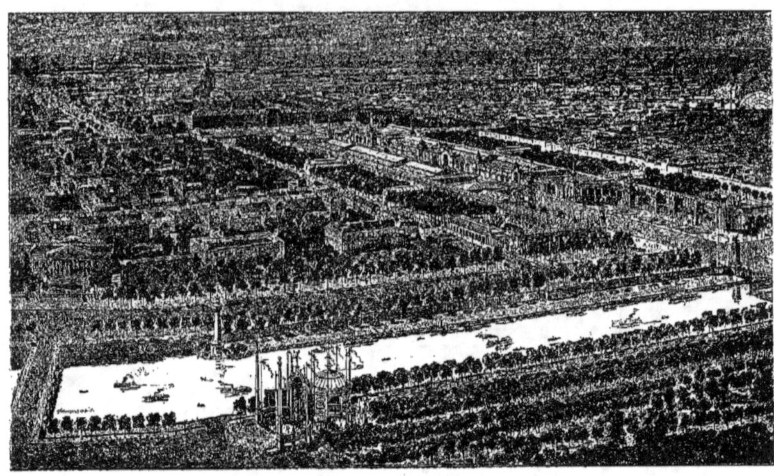

Pont de la Concorde.   Dôme des Invalides.   Palais des Industries diverses.   Gare des Invalides.   Palais de l'éducation et de l'enseignement.
Entrée principale.   Palais du mobilier de décoration et des édifices publics.

Panorama général du Champ-

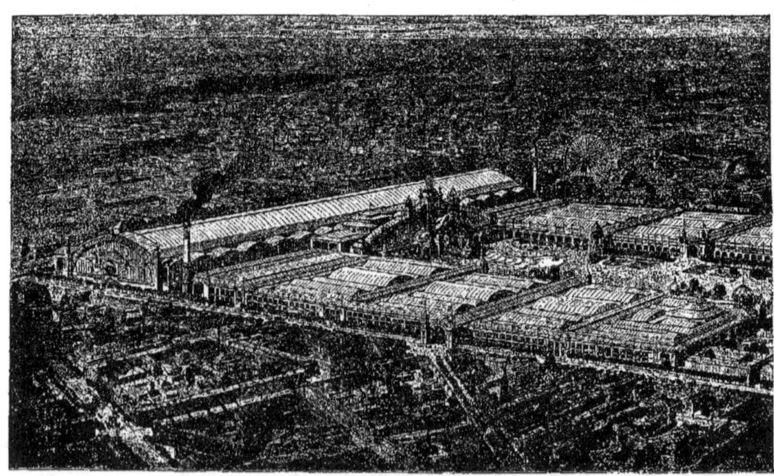

Palais de l'agriculture   Générateur.   Palais des   Château d'eau et palais   Palais des industries   Palais du génie civil et des
et de l'alimentation.   industries mécaniques.   de l'électricité.   chimiques.   moyens de transport.
Porte Rapp. Entrée du palais   Palais des mines et de   Palais du costume.
des fils et tissus.   la métallurgie.

Alexandre III et de l'Esplanade des Invalides

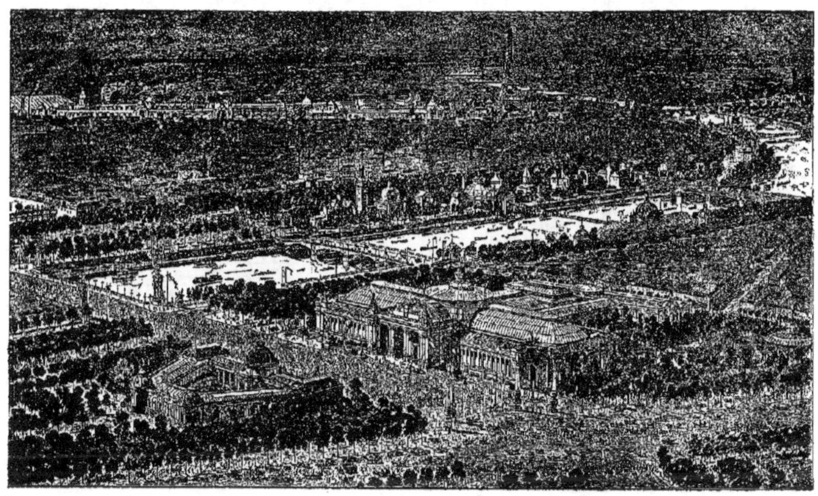

Pont Alexandre III.   Grand Palais   Tour Eiffel. Palais de l'Horticulture. Pont de l'Alma.
        Petit Palais.   Entrée de l'avenue des Champs-Elysées.

de-Mars et du Trocadéro

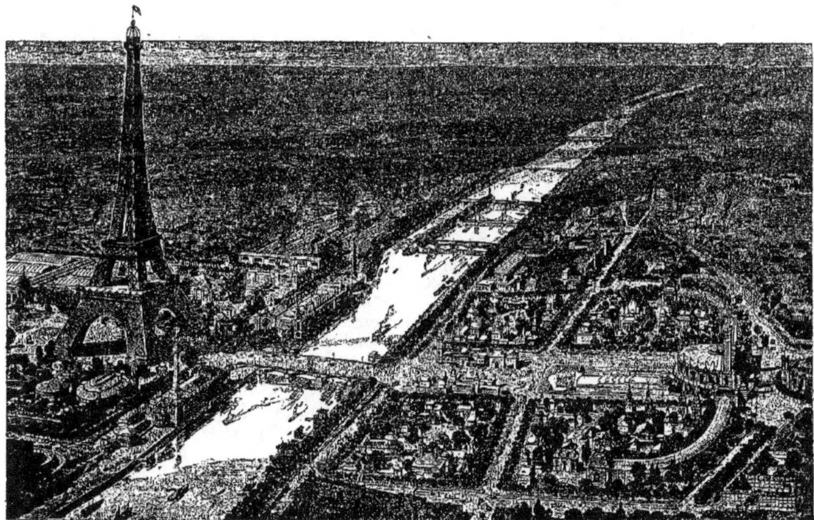

Palais de l'Enseignement   Palais de la Navigation   Palais de la chasse   Colonies françaises et pays de protectorat
et du Matériel des Beaux-Arts.   commerciale et fluviale.   et de la pêche.   Algérie, Tunisie, Cambodge, Annam, Tonkin.
                                         Colonies étrangères Indes Anglaises   Madagascar
                                         Transvaal, Asie russe Chine.

rien de choquant ou de heurté. Il en résulte, de toutes parts, de merveilleux points de vue, que nous signalerons au passage. C'est un vrai régal des yeux, et l'on peut affirmer que jamais Exposition ne fut aussi jolie.

Si l'on veut exprimer cette impression générale par une formule, on constatera que l'Exposition de 1889 fut le triomphe des ingénieurs avec le fer et la brique, tandis que l'Exposition de 1900 est le triomphe des architectes par tous les moyens dont ils disposent pour décorer les édifices et séduire les regards.

La première étonnait par la puissance des procédés mis en œuvre, notamment dans la construction de la tour Eiffel et de la Galerie des Machines; la seconde charme plutôt par la grâce incessamment variée de ses multiples palais.

Ce rapide coup d'œil d'ensemble, aidé par notre plan, et aussi par nos deux vues panoramiques (p. 10 et 11), suffit pour donner une idée des grandes lignes de l'Exposition de 1900.

Nous allons maintenant en parcourir méthodiquement les diverses parties, section par section, dans l'ordre logique que nous avons déjà indiqué, savoir :

1° Les Palais des Champs-Élysées;

2° Le Pont Alexandre III et l'Esplanade des Invalides;

3° La Rue des Nations et la rive gauche de la Seine jusqu'au Champ-de-Mars;

4" Le Champ-de-Mars;

5° Le Trocadéro;

6° La rive droite de la Seine du pont d'Iéna au pont des Invalides.

Nous terminerons par une description de l'annexe de l'Exposition située dans le bois de Vincennes et spécialement consacrée à l'importante industrie des transports, à l'automobilisme, au cyclisme et aux autres sports.

II

Les Champs-Élysées

La Porte Monumentale.

La Porte Monumentale, précédée de deux grands mâts artistiques surmontés de phares électriques et brillamment pavoisés, s'élève à l'entrée du Cours-la-Reine, à 150 mètres de la statue qui forme le coin de la place de la Concorde. Bien que classée modestement, sur le plan officiel, comme « porte numéro 29 », c'est certainement l'un des « clous » de l'Exposition, tant par ses dimensions imposantes que par l'éclat de sa décoration. On devine, en la voyant, que M. René Binet, son architecte, est doublé d'un peintre de talent.

Ce monument est constitué par trois grandes arches égales, de 20 mètres d'écartement, accolées en triangle, et portant une coupole hémisphérique qui couvre 500 mètres carrés de superficie[1]. Les trois

[1. La superficie totale occupée par la Porte Monumentale est de 2.340 mètres carrés.]

voussures sont ajourées comme une dentelle et les ajours entourés de cabochons de couleur pris dans un ornement, qui deviennent lumineux la nuit. La coupole est dorée et ajourée.

L'arche principale, en façade sur la place de la Concorde, s'épanouit à son sommet en une sorte de large fronton, au milieu duquel se projette en avant la proue du vaisseau de la Ville de Paris sur laquelle chante le coq gaulois. Au-dessus, s'élève à 35 mètres une statue de 6 mètres de hauteur, œuvre de M. Paul Moreau-Vauthier, représentant la Ville de Paris accueillant ses hôtes. L'originalité de cette figure réside surtout dans son modernisme. Rompant avec la tradition des allégories grecques et romaines, son auteur a reproduit hardiment une Parisienne mondaine, mise à la dernière mode, à la fois hautaine et séduisante.

De chaque côté de l'arche, deux exèdres portent chacun une grande frise

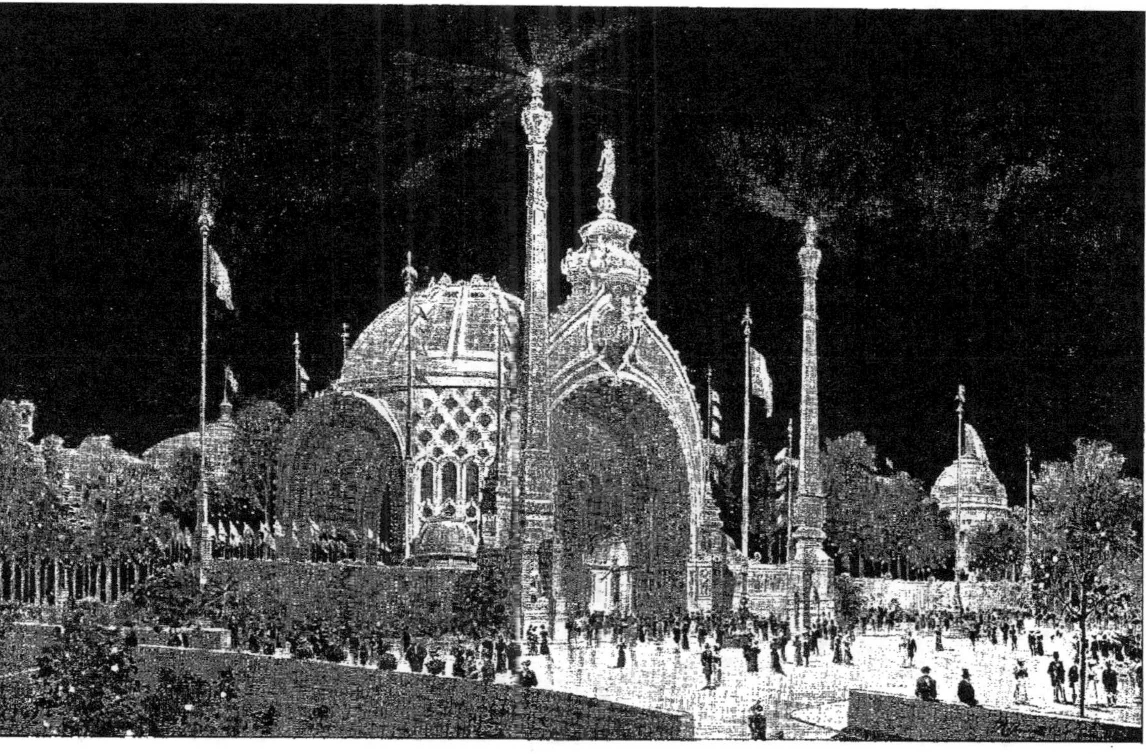

LA PORTE MONUMENTALE

Entrée principale de l'Exposition.

décorative cintrée, de 9ᵐ,50 de développement sur 2ᵐ,16 de hauteur, en
grès flammé, c'est-à-dire, à teinte grise
sillonnée de traînées rougeâtres. C'est
la frise du Travail, exécutée par le
électriques. Sous la frise et dans le soubassement, règne une théorie d'animaux
se détachant sur des lianes.

La teinte générale du monument est
d'un blanc crème, mais toutes ses parties

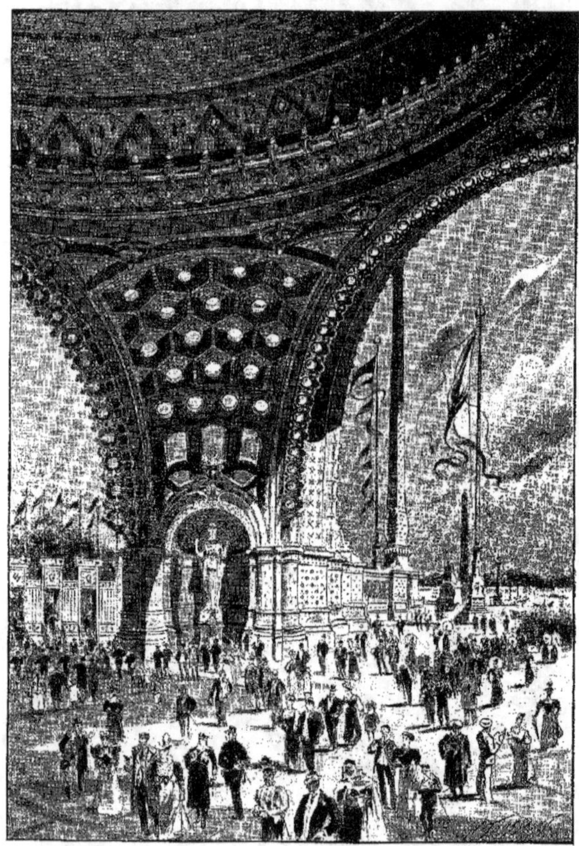

PILIER DE DROITE DE LA PORTE MONUMENTALE
Vue de l'intérieur.

statuaire Guillot représentant, plus
grands que nature, des ouvriers et artisans de tous les corps de métiers qui ap-
portent leurs œuvres à l'Exposition Universelle.

Ces frises relient le corps du monument à deux pylônes latéraux de 35 mètres
de hauteur, surmontés de puissants fanaux
sont revêtues d'une décoration polychrome dont les tons rouges dorés et
noirs sont du plus heureux effet, et lui
donnent un aspect à la fois luxueux et
artistique. Cette décoration comporte
3.116 lampes à incandescence de formes
et de couleurs variées. Comme il y a, en
outre, 12 lampes à arc sur la coupole et

les minarets, 8 lampes à réflecteurs-pro-
jecteurs, et 16 lampes à réflecteurs simples sur les pylônes, le soir, lorsque
toutes ces lampes sont allumées, le spectacle est féerique.

Ce spectacle est rendu d'une façon
saisissante dans la magnifique planche
en couleurs tirée hors texte
qui accompagne, dans *l'Exposition de Paris de 1900*
(t. I, p. 185), la description
détaillée de la porte monumentale de M. Binet, avec
onze autres dessins dans le
texte représentant les diverses
décorations de ce superbe édifice.

La foule accède librement
sous la coupole, où peuvent
trouver place deux mille personnes. Là, le spectacle n'est
pas moins attrayant. Par suite
de leur disposition en triangle, les six retombées des
arches sont groupées deux par
deux. Entre celles qui se trouvent nécessairement dans l'axe
et en face de l'arc principal,
a été ménagée une entrée
destinée aux cortèges officiels. Entre les couples latéraux sont pratiquées deux
hautes niches, ornées de fontaines que surmontent des
statues colossales de l'Électricité.

Nos dessins donnent une
idée de la double retombée
de droite et de la statue de
l'Électricité qui y figure.

Celle-ci est d'une allure archaïque qui
n'est pas sans surprendre le regard.

Elle est debout sur des électro-aimants,
attributs de sa puissance. Une tunique
collante, imitée du costume des mages
d'Assyrie, moule son corps au sexe im-
précis. Des bijoux étranges la couvrent
d'une carapace métallique et lui donnent
l'aspect de ces machines inquiétantes,
aux cuivres brillants, aux verreries sin-
gulières, que l'on voit dans les labora-
toires, et dont on ne s'approche pas sans
appréhension, car elles recèlent la foudre
en leurs flancs. La tête est calme, sans

expression ; c'est la force latente, indiffé-
rente, prête au bien comme au mal, et le
haut diadème qui la coiffe caractérise la
souveraine incontestée.

En prévision des foules qui se porte-
ront de préférence vers cette entrée,
M. Binet a imaginé une disposition neuve

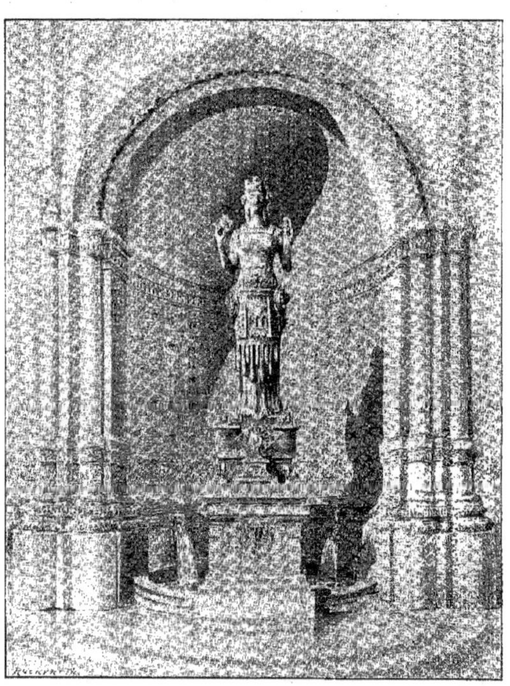

La statue de l'Électricité.

et ingénieuse permettant à 36 guichets
disposés en hémicycle, dans les intervalles des deux arches opposées à l'arche
principale, — de donner entrée dans
l'Exposition à environ 42.000 personnes
par heure[1].

1. En suivant extérieurement la palissade qui file
obliquement à droite de la Porte Monumentale, les
visiteurs qui voudraient se rendre à l'Exposition en
bicyclette, trouveront, entre cette porte et le Petit
Palais, un vaste garage de 150 mètres de longueur sur
5 mètres de largeur et 2^m,50 de hauteur, que l'administration a fait tout spécialement construire à leur
intention. Les droits exigés pour la garde des bicyclettes ne pourront, sous aucun prétexte, être supérieurs à 50 centimes par machine et par jour.

Les Jardins

Lorsqu'on a franchi la porte monumentale, on trouve, dans son axe, l'entrée d'une superbe avenue, bordée d'arbres et de jardins, qui se prolonge jusqu'au pont des Invalides. On a la sensation d'un parc vaste, ombreux, agréable, s'étendant à droite jusqu'à l'avenue des Champs-Elysées, à gauche jusqu'aux berges de la Seine. Voir notre petit plan des jardins et palais des Champs-Elysées, page 17.

Les grandes allées de marronniers alternent avec des pelouses et des corbeilles de fleurs.

Mais, prenez-y bien garde. Il ne s'agit pas seulement ici de jardins officiels.

L'administration a eu la très heureuse idée de convier les innombrables exposants horticulteurs, jardiniers-fleuristes et pépiniéristes qui se plaignaient de l'exiguïté des palais construits pour eux, — à parer les massifs et les corbeilles des Champs-Elysées des produits qu'ils destinent à l'Exposition. Il en résulte que ces jardins constituent en réalité un prolongement en plein air des sections de l'horticulture et de l'arboriculture.

Malgré cette collaboration, l'administration a dû faire d'importants emprunts aux réserves dont dispose la Ville de Paris au Parc des Princes, à Longchamp et à Auteuil. Les serres de la Ville on, également été mises à contribution.

Encore ce contingent a-t-il été insuffisant et a-t-il fallu faire des achats considérables aux pépiniéristes des environs de Paris et de la Côte d'Azur. Aussi plus de cinq cents espèces différentes d'arbres et d'arbustes, plus de cent espèces et variétés de plantes grimpantes ornent-elles les jardins de l'Exposition.

Quant aux plantes ornementales à fleurs, elles seront renouvelées deux fois. Outre la garniture de printemps qui comprend cinquante espèces, il y aura la garniture d'été qui en comprend cent vingt. En tout, cinquante à cent mille plantes seront employées à la décoration des parterres [1].

Les jardins des Champs-Elysées sont de pures merveilles. Les jardiniers français se sont piqués d'honneur, et ont étudié avec opiniâtreté et avec soin les terrains, les éclairages, les températures, afin d'opérer des choix judicieux. Artistes humbles et passionnés, ils ont voulu faire revivre les traditions du grand siècle. Un Le Nôtre ou un La Quintinie ne renieraient point les tracés de leurs parterres.

Doucement vallonnés, coupés d'allées soigneusement sablées et de petits sentiers, où des arbres majestueux, des bambous verts, des seringas, des lilas blancs, d'autres élégants et légers arbustes exotiques aux feuillages fins et frais, des trembles argentés, des hêtres de Californie, des paulownias, versent leur ombre douce, ils constituent un lieu de repos délicieux.

Çà et là, ont été ménagés des bassins d'où s'élancent en gerbes jaillissantes, de minces jets d'eau aux multiples combinaisons. Il y a surtout un petit coin, du côté de l'avenue d'Antin, qui rappelle par son heureuse décoration, ses proportions harmonieuses, les plus jolis bosquets du parc de Versailles. Quelques beaux arbres de l'ancien « Jardin de Paris » étaient même en si bon état qu'il a fallu les ébrancher pour que la façade latérale du Grand Palais ne disparût pas entièrement derrière un épais rideau de feuillage.

Au sein de la verdure, sur la droite, s'élèvent les dômes des deux superbes Palais des Beaux-Arts.

Lors du concours ouvert pour les projets du plan général de l'Exposition de 1900, plusieurs concurrents émirent l'idée, — idée qui fut immédiatement adoptée, — de supprimer le Palais de l'Industrie pour donner place à une avenue prolongeant le pont Alexandre III sur la rive droite et débouchant sur les Champs-Elysées. En façade sur la nouvelle avenue se dresseraient deux palais de dimensions proportionnées aux emplacements dont on disposerait à droite et à gauche. C'est en exécution de ce projet qu'ont été élevés les deux édifices désignés respectivement, d'après leurs proportions, sous les noms de Grand Palais et de Petit Palais.

---

[1]. Arbres et fleurs, — pour l'ensemble de l'Exposition, — figurent au budget des dépenses du commissariat général pour une somme de 600.000 francs.

Comme ils sont destinés à survivre à l'Exposition et à remplacer l'ancien Palais de l'Industrie pour tous les usages auxquels celui-ci était affecté, leur archi-

Petit Palais, dressant, parmi les feuilles, ses colonnes blanches, ses puissants chapiteaux, ses cariatides et ses guirlandes ornementales. De forme trapézoïdale, il

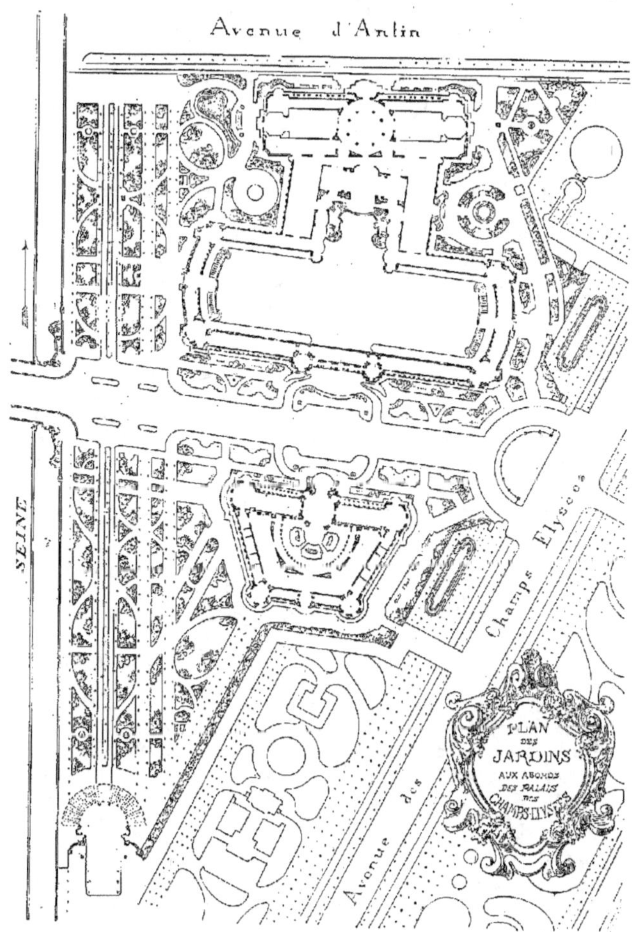

tecture a été tout particulièrement soignée, de même que leur construction, qui peut défier les assauts du temps.

Le Petit Palais

Lorsqu'on entre dans l'Exposition par la Porte Monumentale, on aperçoit, à environ 200 mètres vers la droite, le

couvre une superficie de 7.000 mètres carrés.

L'architecte chargé de ce monument, M. Girault, a très habilement tiré parti de l'emplacement mis à sa disposition, et il s'est conformé aux indications du projet d'ensemble en mettant en accord, autant que cela était possible, l'architecture du Petit Palais avec celle de la place

2

de la Concorde et de l'Hôtel des Invalides.

Comme on peut le voir en se reportant à notre petit plan, page 17, c'est sur l'avenue Nicolas II, — qui coupe à angle droit le Cours-la-Reine, dans l'axe du pont Alexandre III, à peu près à mi-chemin entre la Porte Monumentale et le pont des Invalides — que se dresse la grande façade, avec un porche en plein cintre surmonté d'un dôme, et deux pavillons à fronton triangulaire aux extrémités.

Trente-deux colonnes, ornées de chapiteaux ioniques, agrémentés de sculptures s'harmonisant avec ce style, surgissent au-dessus du soubassement. De chaque côté de l'entrée principale, des statues s'élèvent dans les entre-colonnements.

Les pavillons d'angle de la grande façade sont percés de trois larges baies cintrées et ornées de colonnes.

Sur les faces latérales, s'ouvrent sept grandes fenêtres entre lesquelles sont ménagées des niches garnies de statues. Ces corps de bâtiment se relient aux pavillons circulaires surmontés de dômes qui marquent les deux extrémités de la façade postérieure.

Un porche à fronton triangulaire occupe le centre de cette façade dont la paroi, ornée de sculptures, est percée de six fenêtres.

Au haut des murs se dresse, couronnant l'attique, une légère balustrade établie au bord de la toiture, qu'elle dissimule.

Si l'on pénètre dans le palais par le porche de la grande façade, on arrive à un escalier donnant accès dans le vestibule situé sous le dôme, et l'on passe de là dans une cour en hémicycle entourée d'une haute colonnade, derrière laquelle règne une large galerie circulaire débouchant d'une part sur les pavillons en rotonde, de l'autre sur les salons latéraux.

Quoique ses proportions ne soient pas comparables à celles de l'édifice qui lui fait face, le Petit Palais présente cependant un aspect des plus imposants. Tout le monde est d'accord pour reconnaître que ses colonnades extérieures légères et nerveuses, son fronton hardi et fin, son large escalier, ses rotondes placées aux angles, ses balustrades à jour, donnent l'impression d'un art élégant, sobre et délicat. La frise en haut-relief qui court sous les colonnes, d'une exécution tout à fait remarquable, est très admirée.

C'est donc dans un cadre de tous points dignes d'elles que l'on a réunies les œuvres de l'art français, — depuis ses origines jusqu'à l'an 1800, — auxquelles ce Palais est consacré.

A peine entré, on se trouve au milieu d'un peuple de statues : marbre, pierre, plâtre ou bronze. Des torses puissants, de fines académies, accrochent la lumière tamisée qui tombe du haut vitrage. C'est la section rétrospective de sculpture. Voici des Jean Goujon, des Houdon, des Coustou, des Clodion, des Carpeaux, des Rude, des Etex.

Dans les salles, ce sont les peintres de notre ancienne école française, les Largillière, les Watteau, les Fragonard, les frères Le Nain, les Boucher, les Gros, les Troyon, les de Neuville, les Corot. L'œil se promène, ébloui, sur mille chefs-d'œuvre.

Les objets se rattachant à l'époque préhistorique, fers de lance, haches, pointes de flèches, vases, produits d'un art rudimentaire, figurent dans une salle spécialement aménagée, voisine de la grande galerie.

L'une des salles en bordure de la cour intérieure contient les bronzes, la céramique, les ivoires. Les tissus sont logés dans un des pavillons d'angle, l'autre pavillon étant affecté à l'émaillerie.

On trouve, dans la salle parallèle à la façade postérieure, l'horlogerie, l'orfèvrerie et les bijoux. Dans une autre salle la verrerie, les médailles, l'enluminure, les cuirs, l'imprimerie, ainsi que les modèles, chefs-d'œuvre des artistes de la Renaissance, dont les ouvriers d'art se sont si fréquemment inspirés depuis cette époque.

Enfin, la grande galerie parallèle à l'avenue Nicolas II offre aux visiteurs d'admirables sculptures sur bois et des meubles de tous styles, depuis le Moyen Age jusqu'à Louis XVI.

Après 1900, le Petit Palais fera retour à la ville de Paris et servira de Musée. C'est à cette condition seulement que la

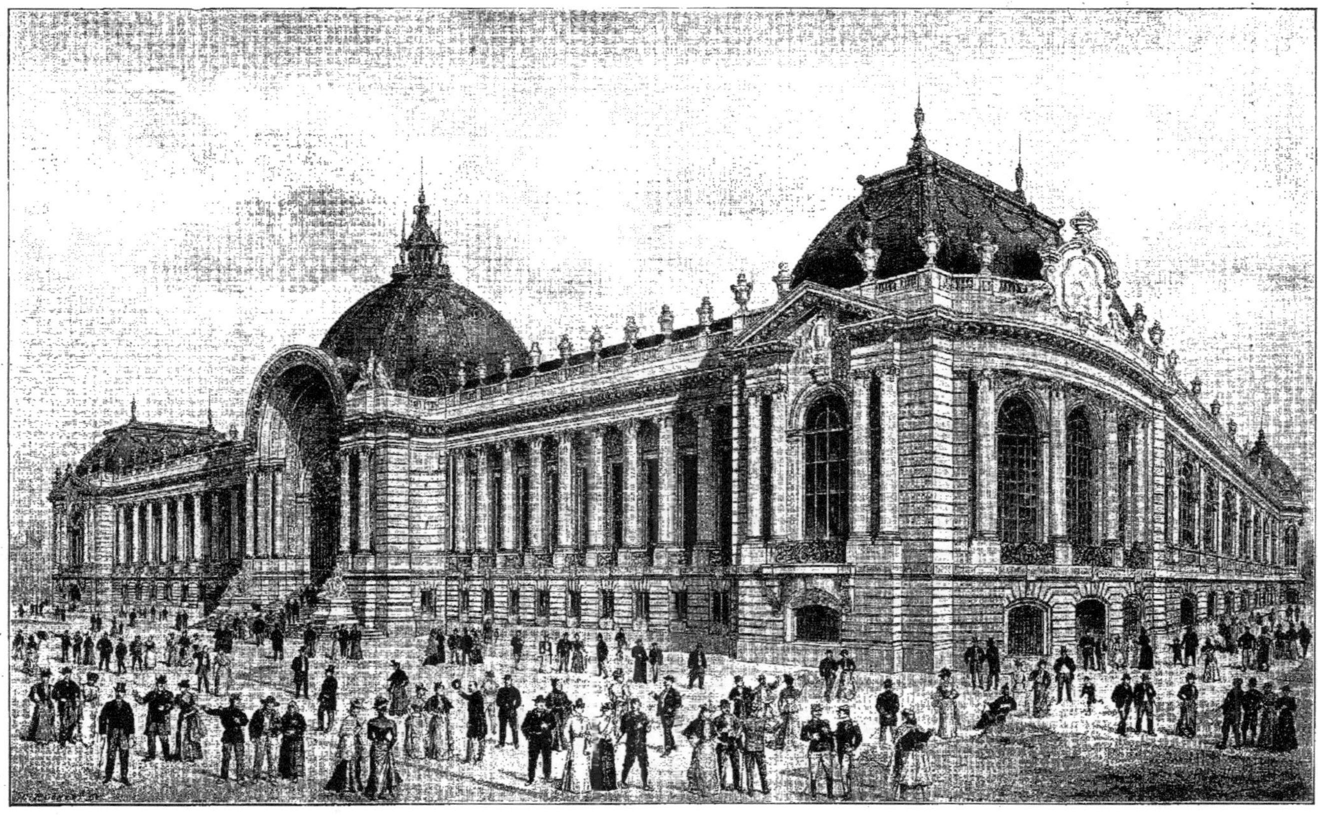

LE PETIT PALAIS

Ville a consenti à participer pécuniaire-
ment, par une subvention de vingt millions, aux dépenses générales de l'Exposition Universelle.

Le Grand Palais

Le Grand Palais des Beaux-Arts, situé
en face du Petit Palais, provoque une
impression tout autre que ce dernier.

Construit sur les plans de MM. Deglane,
Louvet et Thomas, architectes, il couvre
une superficie de 40 000 mètres carrés et
affecte la forme d'un double T à branches
transversales inégales. Un coup d'œil jeté
sur notre plan, page 17, permet de se
rendre parfaitement compte de sa disposition spéciale.

De style un peu composite, il dégage
néanmoins une réelle idée de grandeur.

Sa façade principale, sur l'avenue Nicolas II, est de style roman. Il y a d'autres parties purement Renaissance, ou
Louis XIII, ou Louis XIV, celles-ci rappelant un peu le château de Versailles.

La puissante colonnade qui court tout le
long de ce monument peut certes rivaliser avec les modèles du genre.

Harmonieusement proportionnées,
ayant entre elles des intervalles qui en
dégagent la puissante allure sans l'amoin-
drir, sobrement ornées de « chutes » de
laurier et de chêne, ces colonnes constituent, à elles seules, des œuvres très
remarquables.

Le péristyle comporte trois entrées
monumentales, ce qui donne à la façade
un cachet d'élégance qu'il n'eût pas été
possible d'obtenir avec une seule entrée.
De chaque côté, se dressent quatre statues. A gauche, des femmes, d'un fort
beau caractère sculptural, personnifient
les arts égyptien, grec, romain et byzantin ; — à droite, quatre autres statues
représentent les quatre arts principaux :
la sculpture, la peinture, l'architecture et
la gravure.

De hautes frises ornent les façades et
le dessous des portiques. Des Amours y
sont représentés, tenant en main les
attributs des différents arts.

Sur la façade de l'avenue d'Antin, ces
frises représentent l'histoire de l'art
depuis les temps les plus reculés. Les

dessins et les reliefs sont de MM. Henri
Blanc et Barrias, et composés de grès
flammés polychromes de la manufacture
de Sèvres, d'un très bel effet. Les auteurs
se sont inspirés des principes qui ont
présidé à l'exécution des anciennes mo-
saïques pompéiennes et romaines.

Enfin, les guirlandes qui entourent les
fenêtres, un peu lourdes en leur blancheur
de pierre neuve, prendront certainement
un noble caractère d'art quand le temps
aura passé par là et mis toutes choses au
point.

On peut juger de la disposition intérieure de l'édifice en se reportant au
plan, page 17, d'après les indications
suivantes.

Le corps de bâtiment principal, en
façade sur l'avenue Nicolas II, est occupé
par un grand hall vitré destiné aux expositions de sculpture, aux concours hip-
piques, agricoles, etc. Un autre hall,
perpendiculaire au premier et débouchant en son milieu, le relie, par la
partie intermédiaire de l'édifice, au bâtiment en bordure sur l'avenue d'Antin.
Celui-ci comprend un grand salon-vesti-
bule conduisant à la nef centrale, et des
salles d'exposition sur les côtés. Ces
salles sont à deux étages, de même que
les vastes galeries d'exposition affectées
à la peinture qui règnent sur toute la
longueur des façades extérieures, sur le
pourtour des deux grandes nefs.

Le rèz-de-chaussée, établi sur sous-sol,
est à un niveau un peu supérieur à celui
du sol des grandes nefs, pour que les
promenoirs qu'il comporte puissent servir de tribunes, par exemple, pour le
concours hippique. Ces promenoirs,
disposés en portiques, comme la façade
extérieure, donnent au palais un aspect
véritablement majestueux.

Le rez-de-chaussée communique, par
deux grandes rampes en pente douce,
avec la partie centrale des sous-sols,
aménagés pour servir d'écuries et de
remises. On pourra, de cette façon, loger
les chevaux et les attelages du concours
hippique dans des locaux spacieux disposés à cet effet, d'où ils pourront accéder
directement, et avec la plus grande facilité, sur les pistes.

Partout sont disposés des escaliers nom-

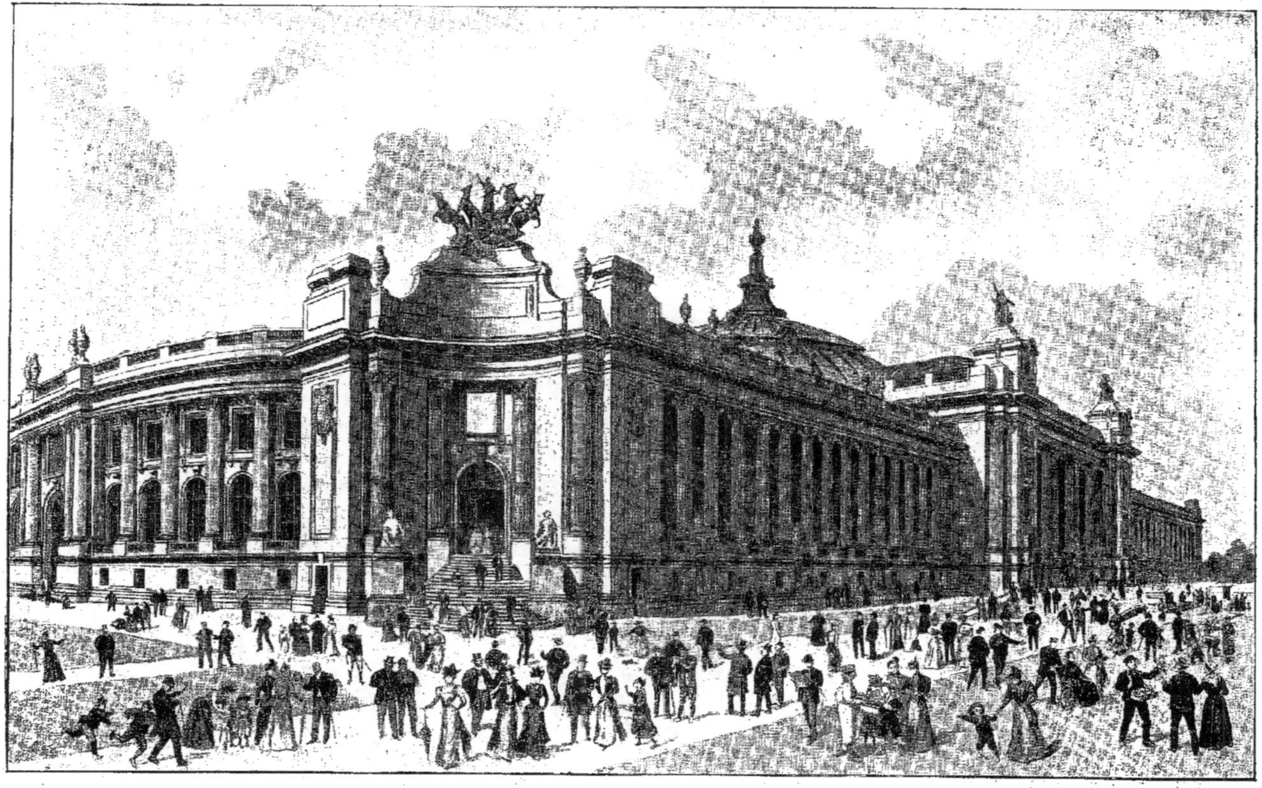

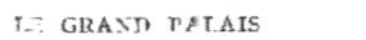

LE GRAND PALAIS

breux, pour la plus grande commodité du public, notamment un escalier monumental à l'extrémité de la grande nef.

La toiture est vitrée. On a réalisé là de véritables tours de force ; en effet, on a posé en certains endroits des feuilles de verre courbées n'ayant pas moins de 3ᵐ,40 de longueur sur 1 mètre de largeur et 1 centimètre d'épaisseur !

L'ensemble du Grand Palais fait honneur aux architectes qui en ont conçu les plans et surveillé l'exécution. C'est une œuvre qui restera, comme l'un des plus beaux spécimens de l'architecture du XIXᵉ siècle.

Le Grand Palais est consacré à l'Exposition centennale de la peinture et de la sculpture et à seize cents chefs-d'œuvre de maîtres contemporains.

Parmi les œuvres d'art qui figurent à l'Exposition centennale, signalons celles qui appartiennent à la Ville de Paris, et dont voici la liste, dressée par la commission ministérielle chargée des choix à faire :

PEINTURE : Bonnat, *Saint Vincent de Paul ;* Cogniet, *Bailly proclamé maire de Paris ;* Cogniet, *Plafond de la salle du Zodiaque ;* Courbet, *la Sieste ;* Ingres, *Apothéose de Napoléon Iᵉʳ ;* J.-P. Laurens, *Saint Bruno refusant les présents du comte Roger ;* Robert Lefebvre, *Portrait de Napoléon Iᵉʳ ;* Lépine, *le Pont des Arts ;* Muller, *Louis le Gros et les franchises.*

SCULPTURE : Aubé, *Dante ;* Ernest Barrias, *Bernard Palissy* et *les Premières Funérailles ;* Blanchard, *l'Art ;* Cavelier, *François Iᵉʳ ;* Chapu, *la Sécurité ;* Dantan jeune, *la Grisi, Carl Vernet* et *Monument de Boïeldieu ;* Vital Dubray, *l'Impératrice Joséphine ;* Etcheto, *François Villon ;* Frémiet, *Porte-Falot, Etienne Marcel ;* Idrac, *Etienne Marcel ;* Rougepied, *Pêcheur ramenant la tête d'Orphée ;* Marqueste, *la Science ;* Mercié, *Gloria victis.*

MÉDAILLES : Degeorge, *Médaille de Saint-Pierre-de-Montrouge ;* Peter, *Projet de médaille de la République ;* Ponscarme, *Annexion des communes suburbaines.*

DESSINS : Cogniet, *Le Tintoret peignant sa fille morte ;* Prud'hon, *Etude d'homme ;* Renouard, *le Dépôt.*

Après l'Exposition, le Grand Palais abritera le Salon annuel, le Concours hippique, ainsi que les autres Expositions et Concours auxquels servait le Palais de l'Industrie [1].

La Perspective
Champs-Elysées — Invalides.

Nous avons déjà parlé des superbes perspectives qui, en différents points de l'Exposition, s'offrent aux regards charmés des visiteurs.

L'une des plus majestueuses sera certainement celle de l'avenue Nicolas II, du pont Alexandre III et de l'Esplanade des Invalides, pour le spectateur placé entre les deux portes (portes 30 et 30 *bis*) de l'« entrée d'honneur » donnant sur l'avenue des Champs-Elysées [2]. Notre frontispice en donne une certaine idée.

Au premier plan, les façades principales des Palais des Beaux-Arts, robustes et élégantes, retiennent tout d'abord les regards, égayés en outre par les coquets parterres à la française qui bordent l'avenue.

1. Le prix de revient des deux Palais des Champs-Elysées ne dépasse pas 25 millions, ce qui donne, pour le prix du mètre courant, environ 600 francs. Ce prix est fort peu élevé, si l'on songe que le prix du mètre courant d'une maison d'habitation atteint en moyenne 1,100 francs. Rappelons que l'Opéra a coûté 52 millions et est resté vingt ans en construction, alors que les deux Palais, commencés en octobre 1897, ont été complètement terminés en moins de trois ans.

On trouve dans l'*Exposition de Paris de 1900*, les détails les plus complets sur les diverses phases de la construction, les matériaux et l'ornementation des deux Palais, avec de nombreux dessins dans le texte et des planches hors texte.

2. D'ailleurs, toute cette partie des Champs-Elysées est très heureusement transformée, au point de vue du coup d'œil, par l'ouverture de l'entrée d'honneur du Palais de l'Elysée sur l'avenue Gabriel, en face de l'avenue Nicolas II.

Dans la grille cintrée qui clôt de ce côté le jardin de l'Elysée, s'ouvrent deux larges portes monumentales en fer forgé, rehaussées d'un décor Louis XVI à écussons dorés et à guirlandes rappelant la ferronnerie des appuis de fenêtre du palais. Certains détails ont été inspirés, avec les modifications de style nécessaires, de la magnifique grille de la place Stanislas, à Nancy.

Une double allée pour les voitures contourne la pelouse du grand lac, qui reste en contre-bas, et est bordée d'une balustrade en face des deux portes.

A l'extérieur, au delà de l'avenue Gabriel, la fontaine et le vieux saule sous lequel allait rêver Alfred de Musset ont été respectés. La pelouse est réduite, et deux allées la contournent pour se rejoindre en une large avenue, parallèle à l'avenue de Marigny, et débouchant, sur les Champs-Elysées, en face de l'avenue Nicolas II.

Au milieu des jardins se dressent les grands polygones blancs qui signalent l'entrée du pont Alexandre III, dont l'arche énorme et le tablier de 40 mètres largeur enjambent si hardiment de la Seine.

Au delà, le regard est conduit jusqu'au dôme des Invalides par une avenue de 33 mètres de largeur, jalonnée de palais dont les clochetons, les dômes, les tours, nuisent un peu à la perspective. Celle-ci sera certainement plus belle lorsque les palais de l'Esplanade des Invalides auront disparu.

Quoi qu'il en soit, la partie de l'Exposition sise aux Champs-Élysées en constitue certainement la section aristocratique et select, tant par la majesté de ses perspectives, que par la beauté de ses palais et des trésors artistiques qu'ils renferment, et par le charme de ses jardins.

Restaurants et bars en ont été proscrits et rien de vulgaire n'en altère le caractère élevé.

La seule concession qui ait été faite aux banalités des jardins publics, est l'installation d'un kiosque pour la musique et d'un emplacement circulaire pour les auditeurs, dans le retrait formé par la façade latérale du Grand Palais, du côté de la Seine.

Le soir, sans compter la brillante illumination de la Porte Monumentale, cette partie des Champs-Élysées est éclairée par 174 lampes à arc à courant continu.

Outre la Porte Monumentale et l'entrée d'honneur sur les Champs-Elysées, trois autres portes, situées du côté de l'avenue d'Antin, donnent accès dans cette partie de l'Exposition : la porte 31, au centre de la façade postérieure du Grand Palais ; la porte 31 *bis*, à l'extrémité de cette même façade, du côté de la Seine, et la porte 32, au pied de la passerelle servant à relier les Champs-Elysées au Cours-la-Reine par-dessus le carrefour d'Antin.

Elle communique avec les autres parties de l'Exposition par cette passerelle, par le passage souterrain qui a servi pendant les travaux à l'évacuation des

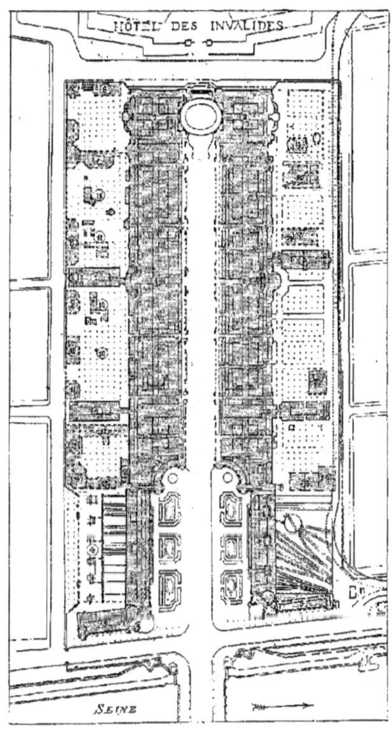

PLAN DE L'ESPLANADE DES INVALIDES

1. Décoration du mobilier des édifices publics et des habitations, Industries diverses (section française). — 2. Décoration du mobilier des édifices publics et habitations, Industries diverses (sections étrangères). — 3. Manufactures nationales. — 4. Gare des Invalides. — 5. Exposition décorative de la rue. - 6. Annexes des classes 93-96. — 7. Annexes des classes 94-95. — 8. Annexe de la classe 97. — 9. Annexe de la classe 97. — 10. Annexe de la classe 71. — 11. Annexe de la classe 75. — 12. Annexe de la classe 70. — 13. Mus Provençal. — 14. Maison bretonne. — 15. Bing. — 16. Magasins du Printemps. — 17. Arts décoratifs. — 18. Magasins du Louvre. — 19. Russie. — 20. Allemagne. — 21. Grande-Bretagne. — 22. Restaurant Viennois. — 23. Fours, Verrerie, Céramique — 24. Douane, Octroi, Manutention.

déblais et à l'apport des matériaux, et qui permettra de gagner les berges de la Seine, — mais surtout par le large pont Alexandre III.

III

Le Pont Alexandre III
et l'Esplanade des Invalides

Le Pont Alexandre III.

Depuis longtemps, la communication établie entre les deux rives de la Seine par le pont de la Concorde avait été reconnue insuffisante. Lorsque la Compagnie de l'Ouest obtint l'autorisation de construire la gare des Invalides, ce fut un motif nouveau commandant impérieusement l'ouverture de plus larges dégagements.

Il fut question de créer, en prolon-

de l'Exposition fit décider la construction d'un pont monumental dans l'axe de l'Esplanade des Invalides, reliant celle-ci aux Champs-Elysées par la nouvelle avenue projetée entre les deux Palais des Beaux-Arts. Un décret du 5 octobre 1896 lui donna le nom de pont Alexandre III.

Pendant le séjour qu'il fit à Paris à cette époque, l'empereur de Russie Nicolas II, en posa la première pierre, en grande pompe, le 7 octobre [1].

Le pont Alexandre III franchit la Seine,

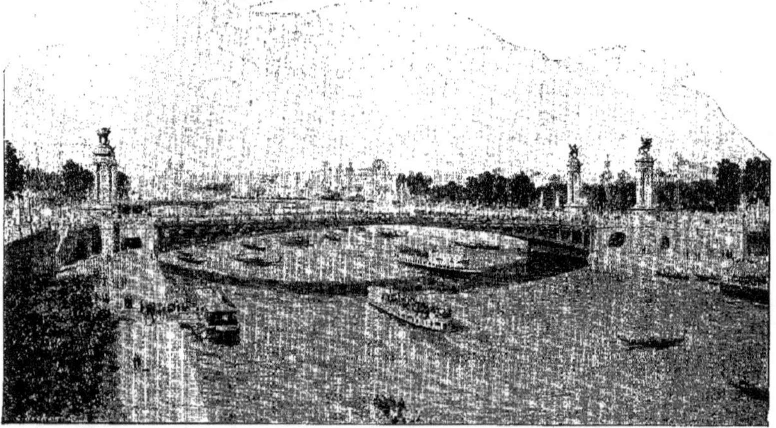

LE PONT ALEXANDRE III

gement de la rue de Constantine, un pont qui serait établi à frais communs par le service de la navigation et par la Compagnie de l'Ouest.

Mais la nécessité d'ouvrir de larges communications entre les diverses parties

un peu en biais, par une seule arche de 107^m,50 d'ouverture, qui se détache vigoureusement sur le bleu du ciel et sur les ondes vertes du fleuve. La distance

1. Cette cérémonie a coûté près de 64,000 francs.

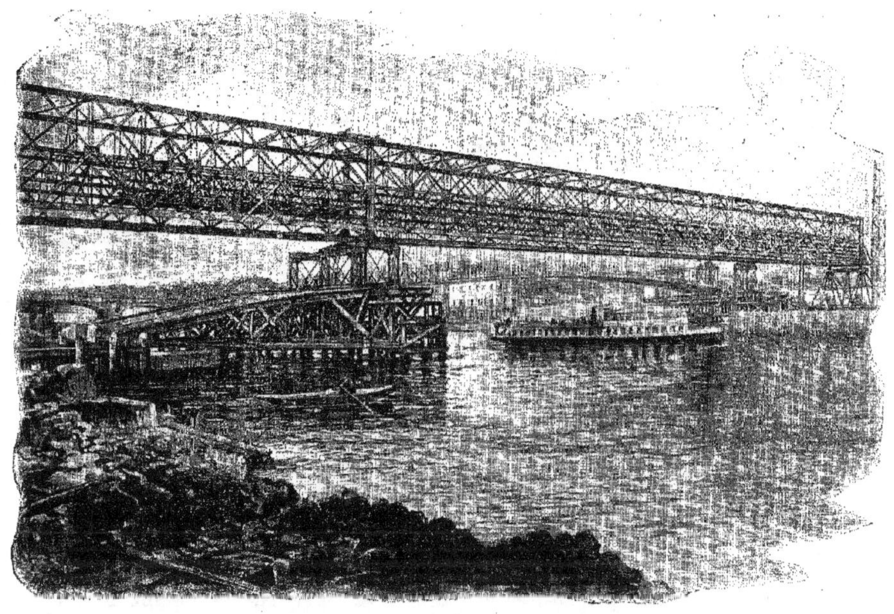

LA PASSERELLE AYANT SERVI A LA CONSTRUCTION DU PONT ALEXANDRE III

entre la clef de l'arche et le niveau moyen des eaux est de 8^m,08 ; au moment des plus hautes crues compatibles avec la navigation, elle est de 6^m,38.

Pour ne pas détruire la perspective de l'Esplanade des Invalides, vue des Champs-Elysées, il a fallu baisser le tablier du pont autant que cette dépression était possible sans devenir nuisible aux intérêts de la batellerie. Cette double condition a pu être réalisée par l'emploi du métal, qui a permis d'obtenir un surbaissement plus grand que celui de tous les ponts construits en France jusqu'à ce jour, avec une plate-forme d'épaisseur très réduite au milieu de l'arche.

L'ossature du pont se compose, en effet, de quinze arcs en acier moulé[1]. La mise en place de ces énormes voussoirs a nécessité l'établissement d'une passerelle provisoire de montage, dont l'é-

trange silhouette métallique a donné pendant plusieurs mois à cette partie de la Seine l'aspect particulier que rappelle notre dessin (p. 25).

Pour prévenir l'effet des contractions et des dilatations de l'énorme masse de métal qui sert de charpente au pont, sous l'influence des variations de la température, les arcs sont articulés à la clef et à la retombée, comme les fermes de la Galerie des Machines et les voussoirs du pont Mirabeau.

Le pont Alexandre III est, de l'avis de tous les hommes compétents, un des plus beaux ouvrages modernes de ce genre.

Dans les massifs de maçonnerie et de granit qui forment les têtes du pont, sur le Cours-la-Reine et sur le quai d'Orsay, deux tunnels ont été pratiqués, de façon à ce que la circulation des quais ne soit point interrompue pendant l'Exposition[1].

---

1. Cette première application de l'acier moulé dans la charpente des ponts a parfaitement réussi. L'honneur en revient à MM. Résal et Alby, ingénieurs des ponts et chaussées, auteurs du projet et chargés de la direction des travaux de construction. C'est le Creusot qui a fourni les voussoirs.

1. Là, ont été également dissimulés, aux deux extrémités du pont, mais dans l'enceinte de l'Exposition, un restaurant français sur la rive droite, un restaurant étranger sur la rive gauche, auxquels on accède par des escaliers descendant sur les berges.

La décoration principale du pont Alexandre III comporte, à chacune de ses extrémités, deux hauts pylônes de pierre.

Ces pylônes ont été conçus comme des « points perspectifs », ayant pour objet de diriger des Champs-Elysées jusqu'au dôme des Invalides, le regard, qui risquerait, disent les architectes, de s'égarer dans ces vastes espaces, une fois surtout que les palais de l'Esplanade auront disparu. Ce sont de hauts massifs de belle pierre de taille, carrés, flanqués aux angles de quatre colonnes engagées, de style néo-ionique, à fûts lisses, à chapiteaux très simples. Au pied de chacun de ces pylônes est adossée, sur un socle élevé, une statue monumentale assise, représentant la France à l'une des époques de son histoire : du côté des Champs-Elysées, la France au Moyen Age, par Lenoir, et la France moderne, par Michel ; — du côté des Invalides, la France de la Renaissance, par Coutan, et la France de Louis XIV, par Marqueste.

Chacune des faces des pylônes, au nu du mur, entre les colonnes, est timbrée d'un trophée d'attributs ou d'un écusson. Le sommet est terminé par un entablement à denticules, surmonté de groupes de Renommées et de Pégases en bronze doré, d'un heureux effet d'envolée.

L'ensemble est sobre et nullement déplaisant.

Quatre lions conduits par des enfants décorent les entrées du pont en avant et en dehors des pylônes. Musclés, nerveux, souples, d'une belle allure et d'une irréprochable exécution, ce sont vraiment de beaux morceaux de sculpture.

Sur toute sa longueur, le pont est orné, avec une grande richesse, de moulures, de guirlandes, d'écussons de fonte en relief aux armes de la Ville de Paris et de la Russie, etc. La balustrade est en bronze et cuivre. Les candélabres, disposés à courts intervalles, sont du modèle le plus élégant.

Le pont Alexandre III est éclairé la nuit par 508 lampes à incandescence.

L'*Exposition de Paris de 1900* contient, avec son luxe habituel d'illustrations, les détails les plus complets sur la construction et la décoration de ce véritable monument.

Ne le quittons pas sans signaler les perspectives variées qu'il offre au spectateur placé en son milieu.

En amont, le pont de la Concorde flanqué, à droite, de la Chambre des Députés, à gauche des monuments de la place de la Concorde, et dominé, dans le fond, par les grands arbres du jardin des Tuileries et par le faîte du Pavillon de Flore.

Du côté des Champs-Elysées, un immense bouquet de verdure, où surgissent la Porte Monumentale et les deux Palais des Beaux-Arts, ceux-ci nettement séparés l'un de l'autre par la large coupure de l'avenue Nicolas II. Ce point de vue est particulièrement remarquable.

En aval, le coup d'œil, quoique coupé par le pont des Invalides, embrasse encore de belles échappées sur la « Rue des Nations » et sur les Palais de l'Horticulture et de l'Arboriculture.

Enfin, du côté de l'Esplanade des Invalides, la perspective formée par les jardins, le palais et le dôme doré du fond se dessine avec un relief accentué, d'un effet beaucoup plus saisissant que lorsqu'on la contemplait de l'extrémité de l'avenue Nicolas II, près de l'entrée d'honneur, parce que l'on s'en trouve plus rapproché et que les détails en ressortent avec une bien plus grande netteté.

Les Jardins de l'Esplanade.

En venant des Champs-Elysées par le pont Alexandre III, les visiteurs débouchent dans les jardins situés à l'entrée de l'Esplanade des Invalides, au-dessus du tablier métallique qui recouvre la nouvelle gare souterraine de l'Ouest.

Six petits jardins français, trois à droite et trois à gauche de l'avenue centrale, occupent un espace libre qui en triple la largeur, puisqu'il n'a pas moins de 90 mètres sur environ 100 mètres de profondeur.

Cet emplacement, admirablement choisi, au pied même des grands palais, est attribué aux rosiéristes. Depuis des années, ceux-ci travaillent avec acharnement à améliorer certaines sortes, à créer, devrait-on dire. Aussi l'Exposition

a-t-elle vu éclore une certaine rose vio-
lette, véritable triomphe pour les jardiniers français, qui fait sensation dans le
monde des horticulteurs.

C'est avec un goût merveilleux que
nos jardiniers-artistes ont décoré cet emplacement, pour lequel les serres de la
ville de Paris ont également été mises à
contribution.

La décoration végétale est complétée
par les grands arbres qui déploient les
belles nappes de leur feuillage en bordure de l'esplanade.

Le pourtour des jardins est occupé des
deux côtés par les Palais des Manufactures Nationales.

Au delà, l'allée centrale se prolonge
perpendiculairement à la Seine, d'un
bout à l'autre de l'Esplanade, sur une
largeur de 33 mètres, bordée à droite
et à gauche de deux lignes de palais, et
laissant intacte la magnifique perspective
des Invalides, du moins dans la partie
centrale, car les ailes se trouvent forcément masquées.

Les Palais de l'Esplanade.

Les Palais des Manufactures Nationales, exécutés par MM. Toudoire et
Pradelle, couvrent une superficie de
12.000 mètres carrés. Ils présentent trois
parties symétriques par rapport à l'axe
de l'Esplanade. La première partie, façade décorative parallèle à la Seine, est
reliée aux deux autres, parallèles à l'axe,
par des motifs d'architecture, des portiques circulaires formant deux pavillons
d'entrée.

Avec leurs pilastres, leurs balcons, les
sculptures de leurs cintres, ces pavillons
sont d'un très bel aspect.

La partie des palais parallèle à la Seine
est également terminée par des pavillons
que surmontent des dômes à jour, destinés à éclairer l'étage supérieur. On sait,
en effet, que pour augmenter l'étendue
des emplacements disponibles, la plupart
des palais de 1900 sont composés d'un
rez-de-chaussée et d'un étage, ce qui
était l'exception en 1889.

Du côté de l'esplanade, sur une longueur d'environ 100 mètres, les Palais
des Manufactures Nationales sont divisés
en trois parties par des pavillons, à chacun desquels correspondent un portique
et une grande terrasse d'où la vue s'étend
sur les jardins. Sur les murs de fonds des
terrasses ont été exécutées de grandes
peintures décoratives d'un effet nouveau
et très réussi. Les Palais sont terminés
par un portique circulaire flanqué de
deux pylônes et donnant accès à un escalier monumental, qui sert à les relier aux
constructions élevées à la suite, jusqu'à
la rue de Grenelle.

Dans ces derniers palais, symétriques
sans être semblables, les rez-de-chaussée
sont éclairés latéralement, mais reçoivent
en outre le jour par des percées prati-
quée dans les planchers du premier étage.
Ces édifices sont vitrés dans la partie
supérieure et offrent une succession de
galeries ouvertes et de vestibules recouverts de verrières.

Cette double série de palais est consacrée à la *Décoration et au Mobilier des
édifices publics et des Habitations*, qui
constituent le groupe XII (classe 66
à 75), et aux *Industries diverses*, qui
constituent le groupe XV (classe 92 à 100)
de la classification générale de l'Exposition.

C'est en bordure de la rue de Grenelle
que s'étend le Palais du Mobilier, dû à
M. Troppey-Bailly et présentant, comme
ceux des Manufactures Nationales, deux
parties symétriques et jumelles.

Tous les bâtiments de l'Esplanade sont
édifiés dans l'espace d'environ 133 mètres
de largeur qui existe entre les lignes
d'ormes en quinconces qui la bordent
sur six rangs de chaque côté.

L'avenue médiane ayant 33 mètres de
largeur, celle de chacune des deux
lignes de bâtiments est donc de 50 mètres.

En arrière de ces palais, les intervalles
des quinconces ont été utilisés, du côté
de la rue de Constantine, pour l'installation d'annexes des groupes XII et XV,
et pour la reconstitution de pittoresques
maisons caractéristiques de quelques-
unes des provinces françaises; du côté de
la rue Fabert, pour les annexes de certaines expositions étrangères.

La nuit, chacune des deux lignes de
palais de l'Esplanade des Invalides est

éclairée par 1.068 lampes à incandescence ; il y a 25 lampes dans l'allée centrale et 34 lampes dans les quinconces. soit en tout, 2.154 lampes. Cette partie de l'Exposition qui était un peu sombre en 1889, est donc, en 1900, aussi brillante que les autres.

Visite des Palais de l'Esplanade.

Après cette vue générale, examinons le détail.

Si le lecteur veut nous en croire, voici comment il procédera pour effectuer cette visite de façon à tout voir d'une manière méthodique, dans les quatre alignements des palais, au rez-de-chaussée et à l'étage, et dans les deux alignements des quinconces.

Voir tout d'abord le Palais des Manufactures Nationales, qui présente son entrée monumentale à gauche des jardins lorsqu'on a en face de soi le dôme des Invalides. Il est particulièrement consacré à l'exposition des magnifiques tapisseries de la manufacture des Gobelins : on ne saurait trop admirer ces merveilles uniques au monde.

Visitons, sur le même côté, toutes les expositions qui se trouvent au rez-de-chaussée du palais, et revenons par les galeries de l'étage au-dessus.

Il n'est pas inutile, pour guider le visiteur, d'indiquer une fois pour toutes, l'objet de chacune des classes des groupes qui y figurent.

Douzième groupe. — Décoration et mobilier des édifices publics et des habitations.

Classe 66. — Décoration fixe des édifices publics et des habitations.

Classe 67. — Vitraux.

Classe 68. — Papiers peints.

Classe 69. — Meubles à bon marché et meubles de luxe.

Classe 70. — Tapis, tapisseries et autres tissus d'ameublement.

Classe 71. — Décoration mobile et ouvrages du tapissier.

Classe 72. — Céramique.

Classe 73. — Cristaux, verrerie.

Classe 74. — Appareils et procédés du chauffage et de la ventilation.

Classe 75. — Appareils et procédés d'éclairage non électrique.

Quinzième groupe. — Industries diverses.

Classe 92. — Papeterie.

Classe 93. — Coutellerie.

Classe 94. — Orfèvrerie.

Classe 95. — Joaillerie et bijouterie.

Classe 96. — Horlogerie.

Classe 97. — Bronzes, fontes et ferronnerie d'art. Métaux repoussés.

Classe 98. — Brosserie, maroquinerie, tabletterie et vannerie.

Classe 99. — Industrie du caoutchouc et de la gutta-percha. Objets de voyage et de campement.

Classe 100. — Bimbeloterie.

Après avoir visité le rez-de-chaussée du palais de gauche en allant de la Seine vers la rue de Grenelle, et l'étage en revenant vers la Seine, nous remontons de nouveau l'Esplanade par les quinconces en bordure de la rue de Constantine.

Nous y rencontrons tout d'abord une exposition des Arts décoratifs et des grands Magasins de Nouveauté, puis des annexes des classes 70, 75 et 71, et la reconstitution d'une « Maison de Lorraine ».

Plus loin, une « Exposition bretonne » qui mérite une mention spéciale, car on y trouve rassemblées les merveilles de l'art armoricain, art à la fois complexe et naïf, qui peut marcher de front avec le gothique le plus pur et le grec le plus gracieux et le plus raffiné.

On voit là, reconstitués avec une rigoureuse fidélité : les maisons à pans de bois de Morlaix, l'édicule de l'église de Saint-Jean-du-Doigt ; la fontaine de Sainte-Barbe, du Faouët; la colonnade du cloître de la forêt, à Quimper ; la porte du cimetière de La Martyne, à Landerneau ; l'autel de granit de Notre-Dame de Folgoët, etc.

Outre une exposition très complète de costumes bretons, on y trouve une rarissime collection de broderies anciennes et modernes, de bijoux d'étain, de cuivre, d'argent et d'or, de vieux meubles, d'armes anciennes, de poterie et d'objets usuels. Notons un splendide cabinet, de

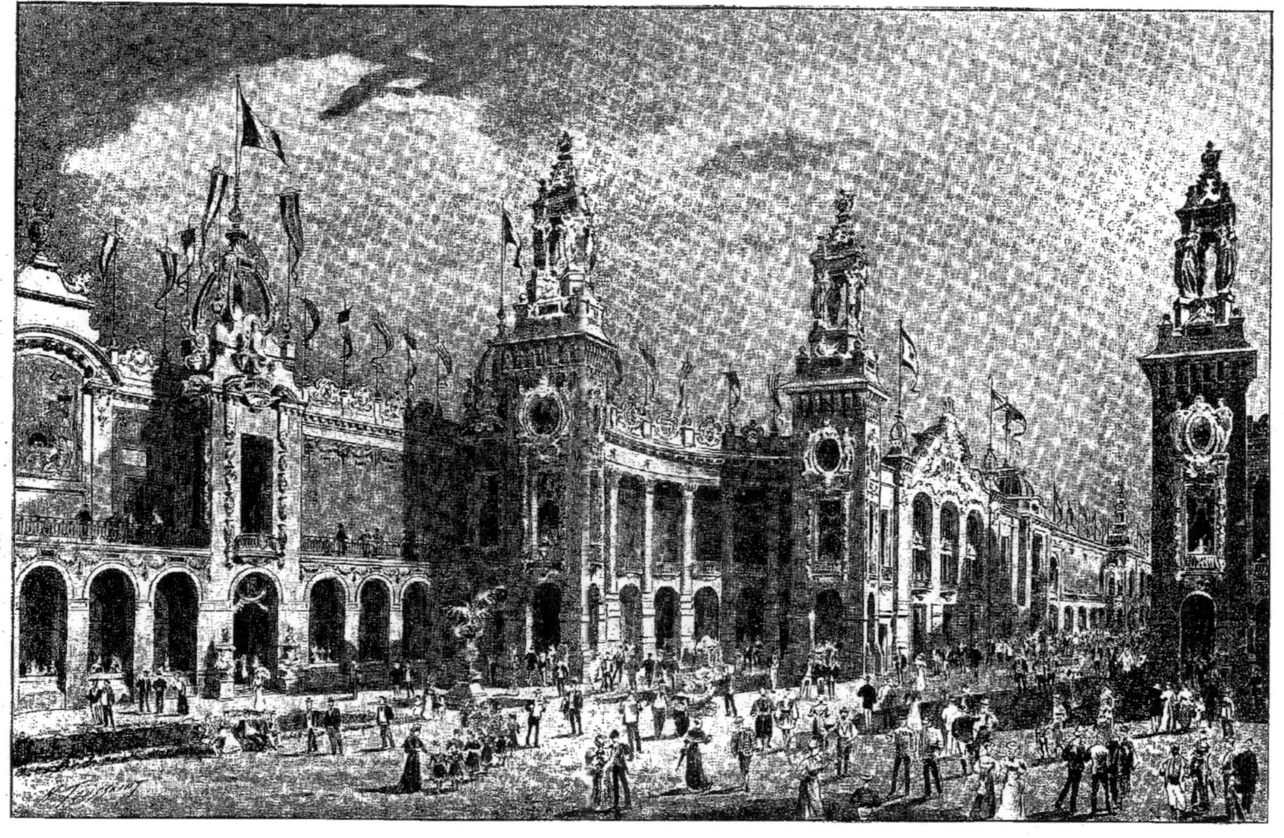

PALAIS DES MANUFACTURES NATIONALES

style florentin, mais de travail breton.

Une exposition rétrospective des œuvres les plus remarquables dues au génie breton, renferme entre autres choses, ce merveilleux calvaire de Plougastel, dont on ne possède que des fragments ou des

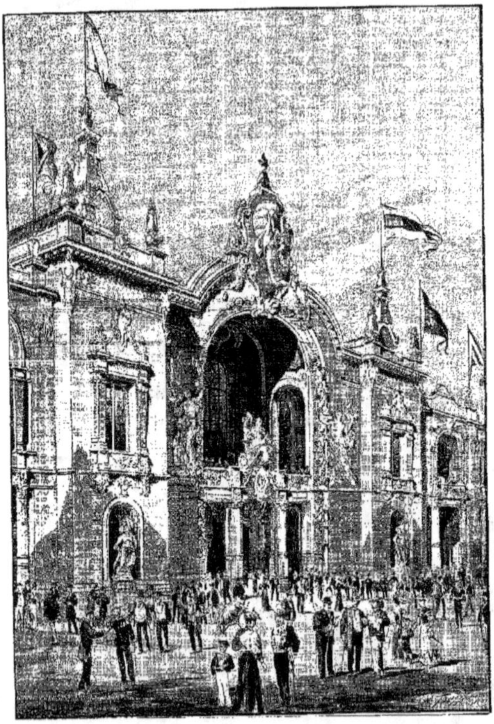

ENTRÉE DU PALAIS DES INDUSTRIES ÉTRANGÈRES

(*Côté de la rue Fabert.*)

photographies et qui cependant marque une phase définitive dans l'art de la Bretagne ; des œuvres de peintres bretons anciens et modernes, et même des chansons et des poèmes rédigés en langue armoricaine.

A côté d'une annexe de la classe 97, voici un « Mas provençal », séparé par un kiosque à musique d'une « Maison de Gascogne », et d'annexes des classes 94 et 95.

Nous arrivons ainsi à l'extrémité des quinconces sur la rue de Grenelle où se trouvent encore des annexes des classes 93 et 96 [1].

Nous avons vu, et bien vu, tout un côté de l'Esplanade. Passons à l'autre.

Pour cela, nous traversons l'avenue médiane, où nous nous arrêterons un moment pour contempler d'un côté, la majestueuse façade de l'Hôtel des Invalides, de l'autre la perspective qui s'allonge entre les palais de l'Esplanade sur une distance d'environ 270 mètres; le regard, guidé par les pylônes du pont Alexandre III, retrouve dans l'éloignement les façades des palais des Champs-Élysées.

Ce point de vue inverse de celui du début, présente un réel intérêt, par le nouvel aspect qu'il donne aux choses déjà observées sous un autre angle.

Nous allons faire maintenant, pour les palais de droite, ce que nous avons fait pour ceux de gauche. D'abord, visite des galeries du rez-de-chaussée, en nous dirigeant vers la Seine. Nous arrivons ainsi au Palais des Manufactures Nationales plus particulièrement consacré à la manufacture de Sèvres. On y admire de gracieuses statuettes en biscuit, chefs-d'œuvre de notre fabrication française, de fins émaux translucides, capables de rivaliser avec les plus beaux émaux de Pierre Limosin.

Pendant que nous y sommes, nous ferons bien de visiter, derrière le palais, les fours pour la verrerie et la céramique, qui se rattachent à la même industrie.

Parcourons ensuite les galeries de l'étage des palais dont nous n'avons vu que le rez-de-chaussée, et revenons vers

1. Il n'est pas inutile de signaler qu'à l'angle extrême de l'Esplanade de ce côté, se trouve un poste d'ambulance et un vaste W.-C.

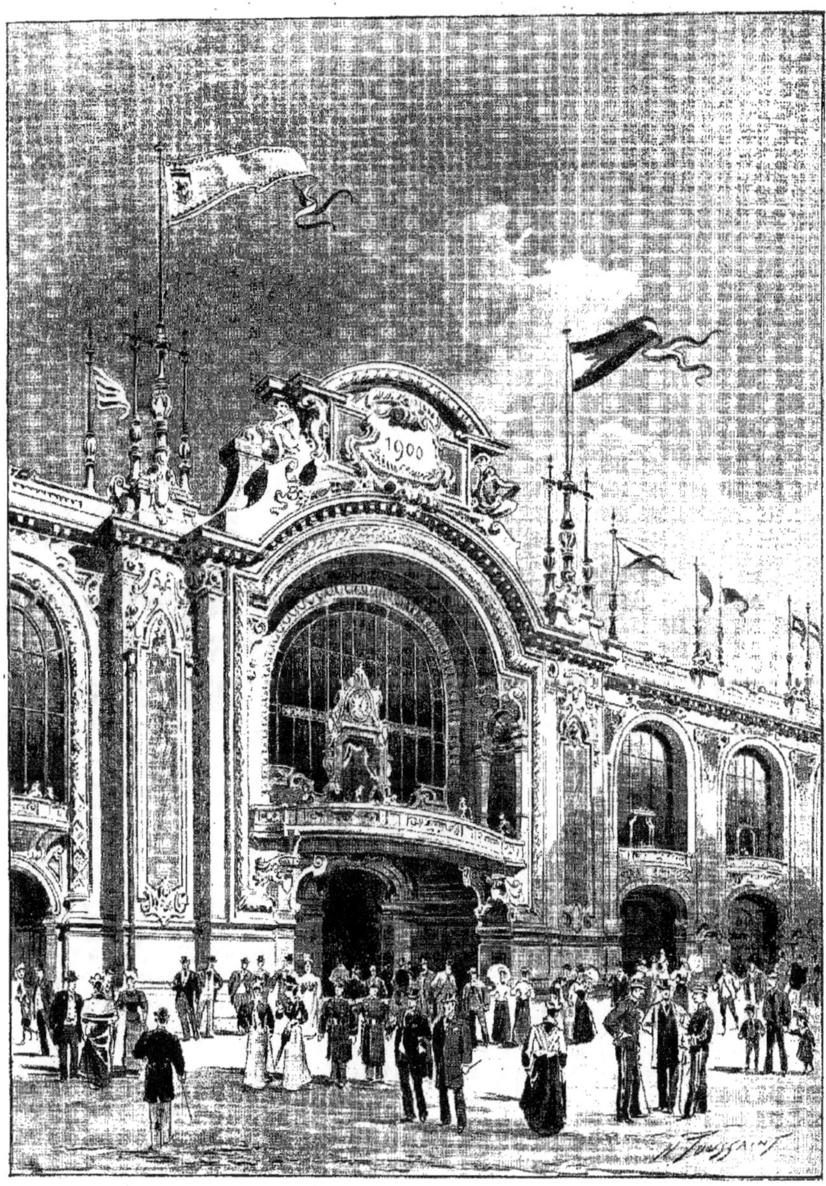

PALAIS DES INDUSTRIES FRANÇAISES
(*Côté de la rue de Constantine.*

la Seine par les quinconces, en bordure de la rue Fabert, au milieu desquels nous rencontrons quelques annexes étrangères, dans l'ordre suivant : Belgique, Russie, Allemagne, États-Unis, Grande-Bretagne, Italie, Danemark, Hongrie, Autriche [1], Japon.

Pendant cette visite on remarquera,

l'octroi et de la manutention, et l'on arrive sur le quai d'Orsay, à l'entrée duquel se trouvent de ce côté plusieurs édifices à signaler : un poste médical, un poste de police, un bureau de postes et télégraphes, un pavillon de tabacs étrangers, et un autre édicule des plus utiles.

Avant de quitter l'Esplanade des Invali-

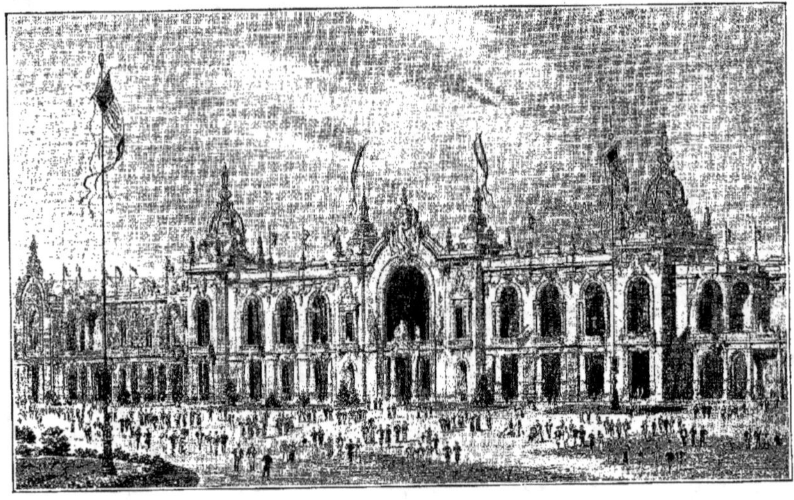

PALAIS DES INDUSTRIES ÉTRANGÈRES
(Côté de la rue Fabert.)

sur la gauche, la double ligne de la plate-forme mobile et du chemin de fer électrique. Comme nous aurons recours à un moment donné, à ces moyens de transport dans l'enceinte de l'Exposition nous donnerons alors quelques détails à leur sujet.

Mais, pour se rendre de l'Esplanade des Invalides à la « Rue des Nations » qui se trouve maintenant sur notre itinéraire, leur secours nous est absolument inutile.

On contourne, près des fours de la verrerie et de la céramique que nous avons déjà vus, les bâtiments de la douane, de

des, indiquons qu'outre le pont Alexandre III, neuf portes permettent d'y pénétrer de l'extérieur : deux sur le quai d'Orsay du côté de la place de la Concorde, quatre sur la rue de Constantine, une en face de l'Hôtel des Invalides, une au milieu de la rue Fabert, la dernière à l'extrémité du pont des Invalides sur le quai d'Orsay. A proximité de cette dernière est installé, *extérieurement,* un garage de bicyclettes de 50 mètres de longueur, aménagé de la même façon que celui qui se trouve près de la place de la Concorde et dont nous avons déjà parlé plus haut. Les tarifs de garage ne doivent pas non plus y dépasser 50 centimes par machine et par jour.

1. Dans l'annexe autrichienne se trouve un restaurant viennois.

IV

La rive gauche de la Seine

Vue d'Ensemble.

Une passerelle, jetée par-dessus le carrefour Latour-Maubourg, donne accès de l'Esplanade des Invalides sur la partie du quai d'Orsay où s'allonge la double ligne des palais et des pavillons des puissances étrangères, qui surgissent, parmi les feuillages légers des ormes, jusqu'au pont de l'Alma. Ces édifices forment, le long de la rive gauche de la Seine, ce que l'on a appelé, avec beaucoup de justesse, la « Rue des Nations ». Ils représentent, en effet, plus particulièrement, la participation *officielle* des Etats étrangers à l'Exposition de 1900[1]. La plupart d'entre eux sont moins des bâtiments d'exposition[2] que des sortes d' « ambassades », — comme on les a qualifiés de fort heureuse façon, — ambassades provisoires, il est vrai, dont l'objet bien délimité est de servir de lieu de réception ou de centre de réunion pour les nationaux ressortissant à chacune d'elles qui visiteront Paris d'avril à octobre.

Les principales de ces constructions sont situées, en bordure de la Seine, partie sur la tranchée couverte du chemin de fer des Moulineaux, partie sur une plate-forme en ciment armé qui prolonge le quai et qui est supportée par des piliers de fonte solidement enfoncés dans le terre-plein des berges basses. Ils laissent libre, devant leur façade tournée vers le fleuve, une large terrasse bordée d'une balustrade.

Une deuxième rangée de bâtiments, parallèle à la première, est intercalée entre les ormes, sur les promenoirs du quai d'Orsay, comme l'indique notre petit plan partiel des rives de la Seine, page 48.

Avant de visiter en détail chacun de ces édifices, il est intéressant de jeter un coup d'œil d'ensemble sur leur pittoresque alignement, en se rendant tout d'abord, - uniquement pour y jouir du point de vue, - au milieu de la passerelle jetée sur la Seine, à quelques mètres en aval du pont des Invalides. Cette passerelle repose sur deux piles, et son tablier est complètement paré de guirlandes de fleurs. La nuit, cette décoration devient lumineuse, et les lampes dissimulées dans les guirlandes étincellent de mille feux d'un effet ravissant.

De ce point, la Seine, vue en aval, apparaît comme encadrée par une double rangée d'édifices majestueux sur lesquels flottent les drapeaux de toutes les nationalités conviées à la fête du travail universel, et forme une perspective des plus somptueuses et des plus artistiques.

A gauche, on embrasse, d'un seul regard, la série des palais de la « Rue des Nations ». Partout des lignes hardies, des profils de coupoles et de pavillons d'angle, rappelant les plus belles époques de l'architecture. Ici, des dômes aux courbes harmonieuses ornées de sculptures, des quadriges, des portes monumentales à plein cintre ; — plus loin, des pignons aigus, des tourelles crénelées, des arcades en saillie sur les façades, des clochetons évasés à la base et s'effilant en pointes vers le ciel, au-dessus des constructions que limitent d'un trait net les fines arêtes des toitures.

A droite, les beaux Palais de la Ville de Paris, de l'Horticulture et de l'Arboriculture, et du Congrès.

---

1. On se rappelle que cette représentation officielle fit défaut à l'Exposition de 1889.

2. Les pavillons officiels qui servent en même temps de bâtiments d'exposition pour les produits, sont ceux de la Bosnie, de la Chine, de l'Equateur, de la Grèce, du Maroc, du Mexique, de la principauté de Monaco, du Pérou, de la Perse, de la république de Saint-Marin, du royaume de Siam et du Transvaal. Tous les autres sont exclusivement réservés à des salons de réception ou à des collections artistiques ou historiques.

C'est dans cette partie de la Seine, où se reflètent les nobles lignes des monuments construits sur ses bords, que sera réalisée la féeric des fêtes vénitiennes.

Une fois rassasiés de ce spectacle, exa-

fer. Ce mode de construction, appliqué au palais de l'Italie, lui donne une grande solidité, tout en lui laissant une légèreté et une finesse qui ne manquent ni d'art ni de charme.

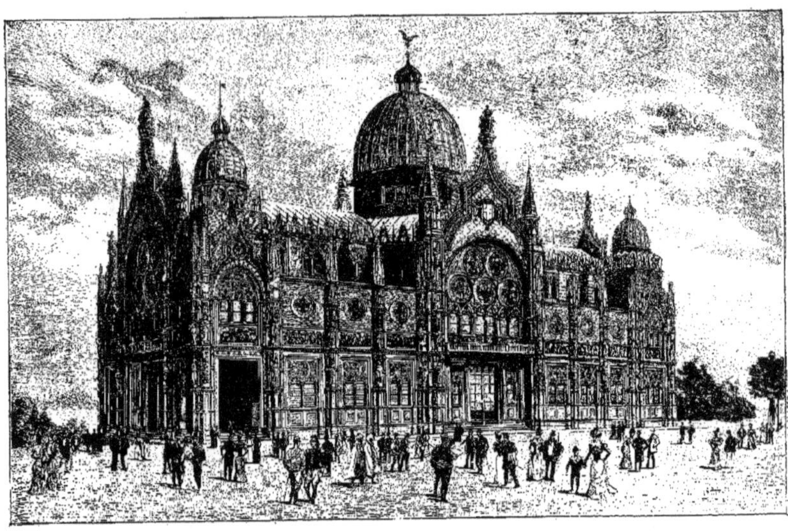

LE PALAIS DE L'ITALIE

minons-en le détail, en parcourant, l'un après l'autre, les édifices du quai d'Orsay, et en donnant à chacun d'eux, suivant son importance relative, l'attention qu'il mérite.

Italie.

Le premier qui s'offre à la vue et qui retient le regard par son aspect majestueux, c'est le palais de l'Italie, qui est, par ses dimensions, le plus important de tous. Son architecte lui a donné une allure très particulière, en se servant avec bonheur des défauts constitutifs des matériaux employés. En Italie, les gros bois font généralement défaut ; aussi réunit-on en faisceaux, pour former des charpentes et des poutres, de petits bois que l'on relie ensuite avec des armatures de

C'est un grand monument dans le style du xvᵉ siècle, auquel ses baies à meneaux tréflés, ses grandes rosaces, ses frises de mosaïque, ses soubassements de marbre de différentes couleurs, et, sur la toiture, cinq grands dômes en bronze doré, — donnent presque le caractère religieux d'une cathédrale.

Ce bâtiment si vaste est, en quelque sorte, l'emblème de l'ampleur considérable donnée par l'Italie à sa participation à l'Exposition de 1900[1].

Constatons, dès maintenant, que les palais de la Rue des Nations ont été distribués sans nul souci de la méthode géographique et qu'il en résulte le plus heureux mélange de styles variés.

1. L'Italie expose dans 15 groupes différents et dans 3 annexes. Le crédit *officiel* voté a été de 900000 francs.

Turquie.

C'est ainsi qu'à côté du palais de l'Italie s'élève le pavillon de l'Empire Ottoman, d'un caractère bien différent. Il rappelle une de ces habitations de plaisance, à la fois vastes et élégantes, qui s'échelonnent le long des rives du Bosphore. Cet édifice plaît par son architecture orientale, heureux mélange des types les plus intéressants de Constantinople. Au-dessous, sur le bas quai, se trouve dissimulé un café turc, où l'on peut accéder par l'escalier qui descend de la terrasse entre le palais de l'Italie et le pavillon ottoman[1].

D'ailleurs, signalons, une fois pour toutes, qu'à la plupart des pavillons étrangers sont annexés des cafés, des bars, ou des restaurants, aménagés à la mode de chaque pays. Faisons observer également que ce sont presque tous des établissements de luxe, à tarifs élevés.

Ici, comme en bien d'autres endroits de l'Exposition, il faut bien que l'attraction de l'exotisme se paie son prix.

États-Unis.

Et voilà que, brusquement, après être passés « du grave au doux » en allant de l'Italie à la Turquie, nous sommes transportés du coquet « au sévère », en poursuivant notre visite.

Car nous voici en présence de l'édifice élevé par les États-Unis. Ce n'est pas un pavillon, ce n'est pas un palais, c'est un véritable monument, d'une belle allure architecturale, le plus grand, — comme altitude, — de tous ceux du quai d'Orsay[1].

Il se compose d'un massif quadrangulaire, au milieu duquel s'élève une haute coupole rappelant comme lignes esthétiques, le dôme du Val-de-Grâce ou celui du Panthéon, et presque dans des dimensions aussi gigantesques que ce dernier.

Au sommet de la coupole, l'aigle américaine éploie ses ailes immenses et griffe une banderole sur laquelle on lit — avec de bons yeux — « United States of America ».

Du côté de la Seine, c'est-à-dire en avant du monument, se dresse un porti-

PAVILLON OTTOMAN

---

1. La Turquie expose dans deux groupes (Crédit officiel : 1.150.000 francs).

1. Le Congrès de Washington a voté un crédit de 1.010.000 dollars (5.050.000 francs) pour la représentation officielle des États-Unis à l'Exposition de 1900. Les États-Unis exposent dans 16 groupes et 4 annexes.

que, sorte d'arc de triomphe, orné de colonnes corinthiennes et couronné par un quadrige représentant la Déesse de la Liberté sur le char du Progrès ; en arrière de cet arc, et donnant accès à l'intérieur du palais, une porte s'ouvre au fond d'une niche décorée de peintures.

Sur le même plan que les colonnes est placée, sous le porche, une statue équestre de George Washington.

Au centre du monument, un vaste hall, couvert par la coupole, est décoré de peintures historiques. Ce hall, entouré de balcons servant à la circulation à chaque étage, est flanqué, à droite, à gauche et au fond, par des salles moindres et qui, au rez-de-chaussée, servent également à des réceptions.

Au premier étage sont établies des salles, pour des réceptions plus intimes, affectées aux différents Etats de l'Union.

Le palais tout entier a été, jusque dans ses moindres détails, construit par des Américains, avec des matériaux américains.

On a aménagé, pour les effets d'éclairage de nuit, des rampes électriques dessinant la silhouette ainsi que les grandes lignes architecturales du palais. Cette installation a été également fournie par des industriels américains.

La hauteur totale de ce monument, prise sur le quai, est de 51 mètres et demi. Le dôme a un diamètre de 20 mètres. Le quadrige placé sur le porche est situé à une hauteur de 23 mètres.

On voit, par ces dimensions, combien le Palais des Etats-Unis est important et majestueux.

Autriche-Hongrie.

Nouveau contraste. Autant le monument des Etats-Unis est majestueux, autant le palais de l'Autriche est simple de lignes. Il n'en produit pas moins un effet à la fois imposant et gracieux, par la disposition de ses quatre façades à deux étages, flanquées de pavillons en saillie et surmontées d'un grand dôme à profil ovoïde.

C'est, en somme, la reconstitution d'un grand et bel hôtel du style « Baroco », qui fut en grand honneur en Autriche au xviiie siècle.

Le couronnement est formé d'un attique surmonté de trophées guerriers, casques, etc. Chaque façade est percée de trois larges baies ; des pilastres s'élèvent depuis le rez-de-chaussée jusqu'au bord de la toiture, et le monument repose sur une terrasse que supportent une série d'arcades.

La monarchie austro-hongroise, très largement représentée à l'Exposition de 1900[1], compte encore, à la suite de ce premier bâtiment, deux autres palais consacrés, le premier à la Bosnie-Herzégovine, le second à la Hongrie,

Mais, avant de poursuivre sa route dans cette direction, le visiteur fera bien — s'il ne veut pas être obligé, après avoir vu les monuments en bordure sur la Seine, de revenir sur ses pas pour parcourir ceux élevés en seconde ligne sous les ormes, — d'aller jeter un coup d'œil sur les pavillons qui se trouvent derrière ceux de l'Autriche-Hongrie.

Le premier est celui du Danemark. Puis vient celui du Portugal[2], qui rappelle une époque caractéristique de l'art portugais. Dans le même alignement se trouve, tout à côté, le pavillon du Pérou[3], bâtiment d'exposition proprement dite, dans le goût de la Renaissance espagnole, construction démontable destinée à être réédifiée à Lima.

Nous pouvons maintenant, avec la satisfaction de n'avoir rien oublié en arrière, revenir du côté de la Seine, où s'élève, juste en face du pavillon du Pérou[3], le palais de la Bosnie-Herzégovine.

Cet édifice constitue, à lui tout seul, une section spéciale pour l'exposition des produits de ces provinces, ce qui permettra au public de se rendre compte des progrès accomplis dans cette région, détachée de la Turquie par le traité de Berlin.

Son architecte a sacrifié le style au pittoresque, avec une audace couronnée de succès. Aussi l'ensemble est-il d'une attachante originalité.

---

1. L'Autriche qui a consacré un crédit de 7.500.000 francs à sa participation officielle, expose dans 16 groupes et dans 3 annexes.

La Hongrie, avec un crédit officiel de 2.500.000 francs, expose dans 14 groupes et dans 2 annexes.

2. Le Portugal expose dans 9 groupes.

3. Crédit officiel : 200.000 francs.

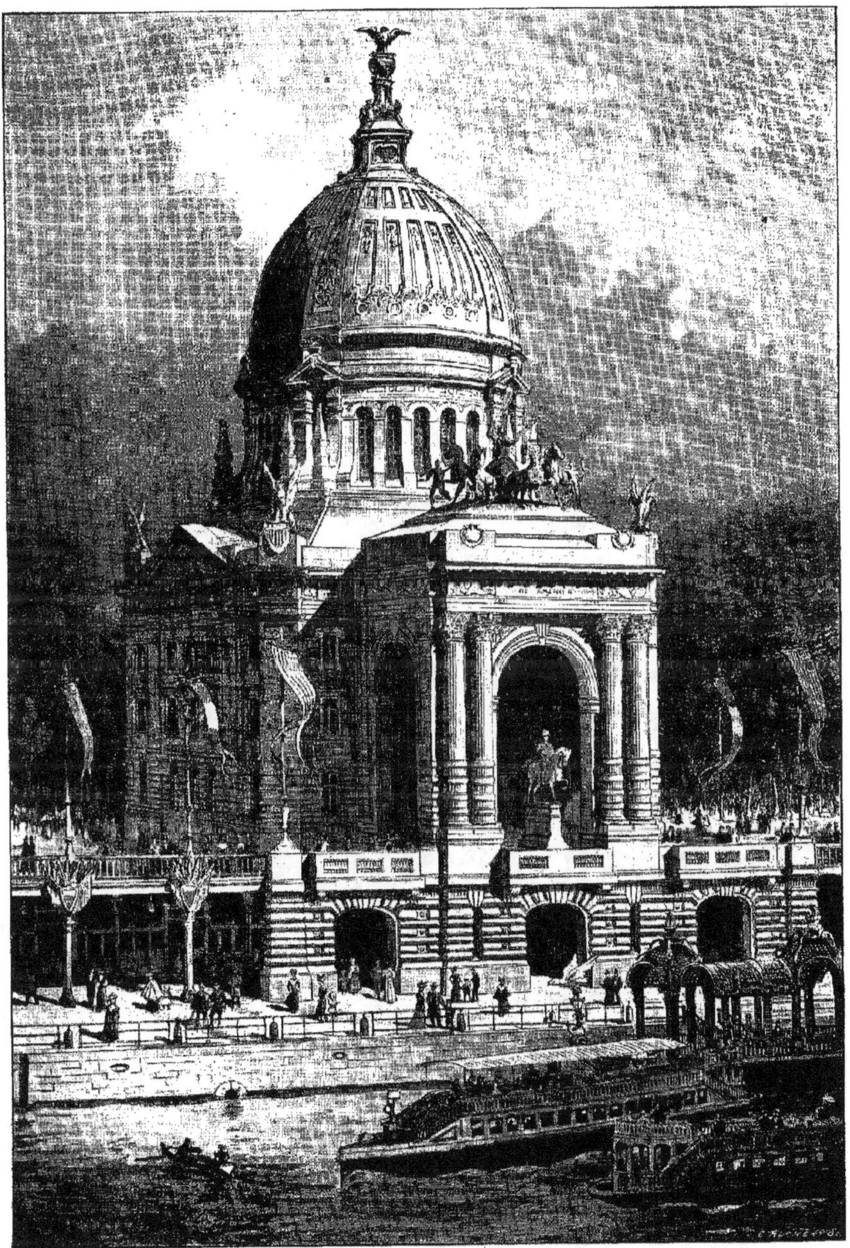

PALAIS DES ÉTATS-UNIS

C'est un corps de logis rustique, avec des galeries latérales aux façades bordées d'arcades dont le profil rappelle le style byzantin. Ces façades sont joyeusement décorées par des applications de bois découpé d'une manière curieuse. Les toits aux tons éclatants et variés se silhouettent en de nombreux décrochés, et les balcons en encorbellement, sur lesquels grimpent des plantes vivaces, ne contribuent pas peu à donner à ce pavillon une note gaie et colorée.

A l'intérieur, on admire de grandes fresques dues au pinceau des meilleurs artistes bosniaques et herzégoviniens. Dans la grande salle, un diorama représente la capitale, Serajevo, et les industries locales, dont quelques-unes sont fort curieuses, sont réparties autour du pavillon, dans des ateliers où travaillent des ouvriers indigènes.

Ce bâtiment est environné de massifs de verdure et se détache ainsi nettement dans la longue ligne des palais érigés au bord du fleuve.

Les quatre façades du palais de la Hongrie sont un flamboiement de tous les styles usités dans les monuments les plus beaux et les plus justement célèbres édifiés dans ce pays, du xve au xviie siècle. On y retrouve, en façade sur la Seine, des motifs de la salle des chevaliers du château de Vadja, en Transylvanie, — la tour de Kormocz, — un morceau de la façade de l'hôtel Klobusiczky ; — du côté du quai d'Orsay, un merveilleux portail moulé sur les sculptures de l'ancienne Chapelle de Gyulafehervar, etc., etc. Le tout, bien que peut-être un peu lourd, donne une impression gothique et renaissance qui a du charme et de l'originalité.

Dans la partie réservée à l'exposition historique et rétrospective, on admire une reproduction de la Chambre de saint Étienne, premier roi de Hongrie, le joyau du château de Buda-Pesth.

Comme le dit très bien M. Michel Corday, dans un excellent article sur *les Étrangers à l'Exposition* (*Revue de Paris*, 1er décembre 1899), à propos des contrastes que présentent les palais de l'Autriche, de la Bosnie-Herzégovine et de la Hongrie, leur architecture « témoigne de l'impuissance des unités politiques devant la disparité ethnographique. Jamais un seul empire ne contint deux peuples si différents d'âme, de visage et d'expression.....

« Les murailles du palais hongrois rayonnentune vie opulente, harmonieuse et diverse. Elles renferment, dirait-on, toute l'âme de ce pays de roman... L'architecte a donné à ces restitutions des patines variées, depuis la teinte d'encre de Chine que prennent les palais du Nord, jusqu'à l'ocre doré des pays du soleil. Cette ornementation magnifique, agrafée aux murailles comme des broderies sur un vêtement de parade, ces empreintes de pierre de dix siècles d'histoire réunies sur ce plâtre éphémère avec autant de goût que d'audace, tout, dans cet extraordinaire travail, témoigne d'une ardeur de sang qui fut et qui reste impétueuse et riche. »

Grande-Bretagne.

La Grande-Bretagne se trouve naturellement au premier rang parmi les puissances étrangères qui exposent dans le plus grand nombre de groupes [1].

Son palais officiel de la rue des Nations est une manifestation de son génie propre, qui a transformé de fond en comble l'emplacement échu à cette puissance sur le quai d'Orsay.

Comment des fondations établies par des Français auraient-elles pu supporter un palais anglais, et surtout un palais à charpente métallique en fer anglais, apporté de Londres, et construit par des ouvriers anglais ?

Il faut reconnaître, d'ailleurs, que l'architecte de ce bâtiment a su employer cette superbe matière avec un goût parfait. La plate-forme est en fer, les escaliers sont en fer, tout présente un aspect solide et définitif, bien fait pour surprendre au milieu de tous les décors provisoires des environs.

D'un style sobre, avec ses tourelles d'angle, le couronnement sculpté de ses hautes baies vitrées, sa large terrasse, dont le mur tombe d'aplomb sur la

---

1. Quinze groupes et six annexes. Budget officiel : 1.875.000 francs.

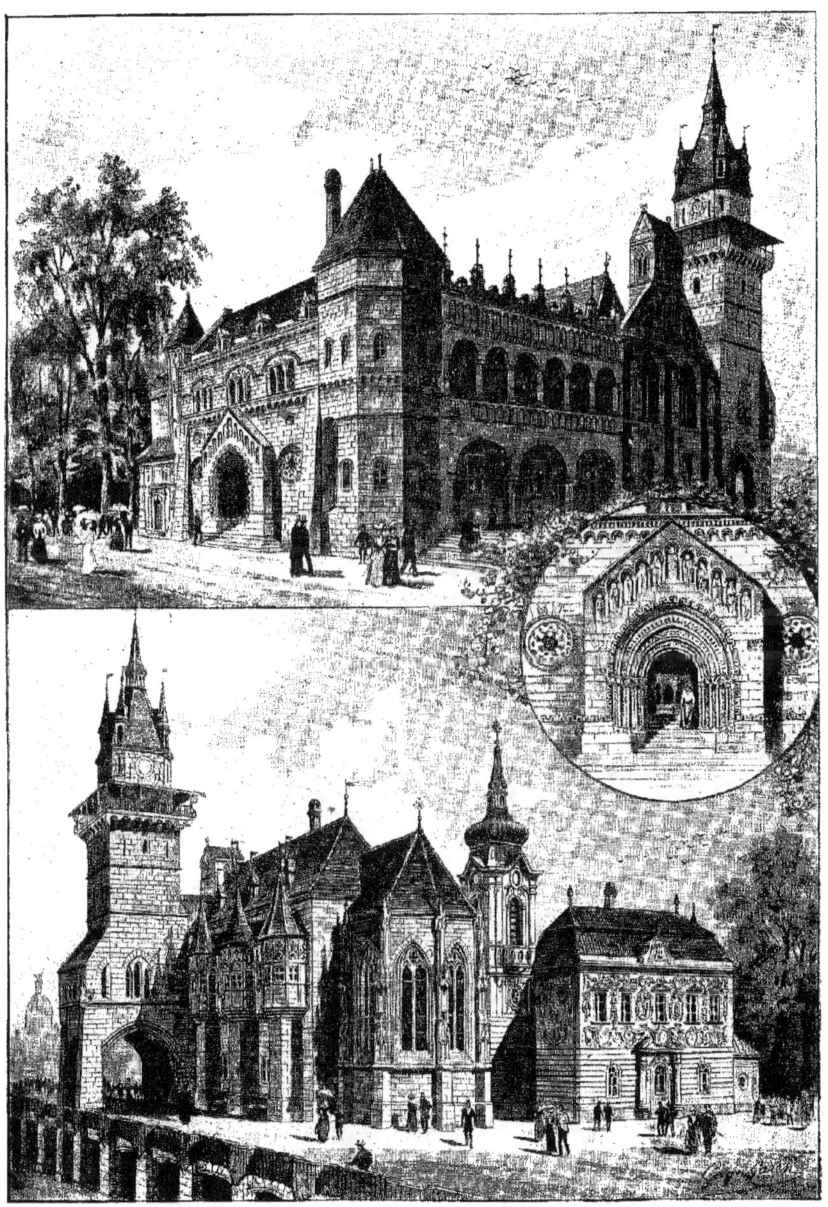

PALAIS DE L'AUTRICHE-HONGRIE

Seine, le pavillon royal de la Grande-Bretagne reproduit Kingston-House, à Bradford-sur-Avon, dans le comté de Wiltshire. — demeure princière du xvie siècle, édifice classique, l'un des plus purs spécimens de l'architecture anglaise de cette époque.

La façade est agréablement mouvementée par l'avancée très hardie de deux bow-windows percés de larges ouvertures.

Le prince de Galles a installé dans ce palais ses superbes collections et les merveilles d'art qu'il possédait dans ses différentes résidences : tableaux, armes. joyaux, etc. Il y tiendra ses réceptions ; mais, en dehors des jours qu'il lui conviendra de se réserver, toutes les salles sont ouvertes aux visiteurs.

On y trouve exposé un curieux plan en relief de la ville de Londres et de la banlieue. Ce plan, qui n'a pas moins de 9 mètres dans sa plus grand longueur, représente, avec une exactitude parfaite, les édifices, ponts, monuments publics, squares, gares, palais, chemins de fer, etc., donnant ainsi une vue d'ensemble très détaillée et très

précise de la capitale du Royaume-Uni.

Ceux qui connaissent cette ville y trouveront résumés tous les souvenirs de leurs promenades.

Perse, Luxembourg, Belgique Norvège, Finlande.

Derrière le palais de la Grande-Bretagne se trouve, en seconde ligne, le palais de la Perse, reproduction d'une des nombreuses merveilles d'architecture de ce pays. C'est un monument d'un grand caractère, avec des revêtements en faïence, et un grand porche affectant la forme lancéolée particulière à l'art persan. Le salon qui y est installé donne une idée de la splendeur du luxe oriental. On y a réuni des curiosités absolument inédites en Europe, qui en font une des attractions de l'Exposition.

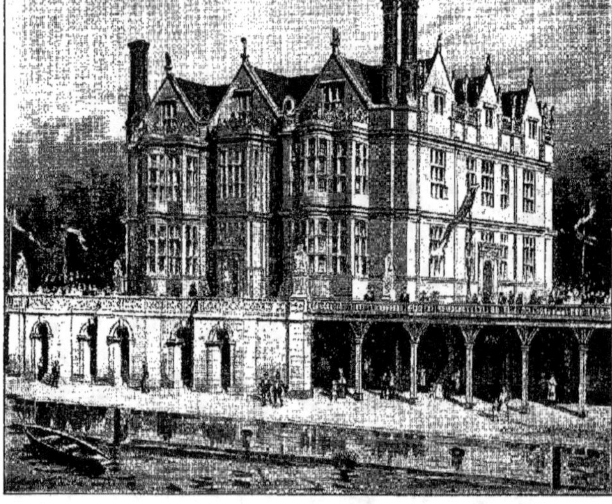

LE PAVILLON DE L'ANGLETERRE

Tout auprès, un kiosque à musique retient un instant les promeneurs et jette une agréable diversion dans la visite des pavillons exotiques.

De l'autre côté du kiosque, c'est le pavillon du Luxembourg, dans le goût de la Renaissance flamande. Nous ne pouvons nous empêcher de signaler que la Chambre des Députés du Grand-Duché a mis à la disposition du Gouvernement un crédit de 100 000 francs pour participer à l'Exposition de 1900. Si l'on considère que le budget total de ce petit Etat ne dépasse pas huit millions, on se rendra compte que cette somme est relativement importante.

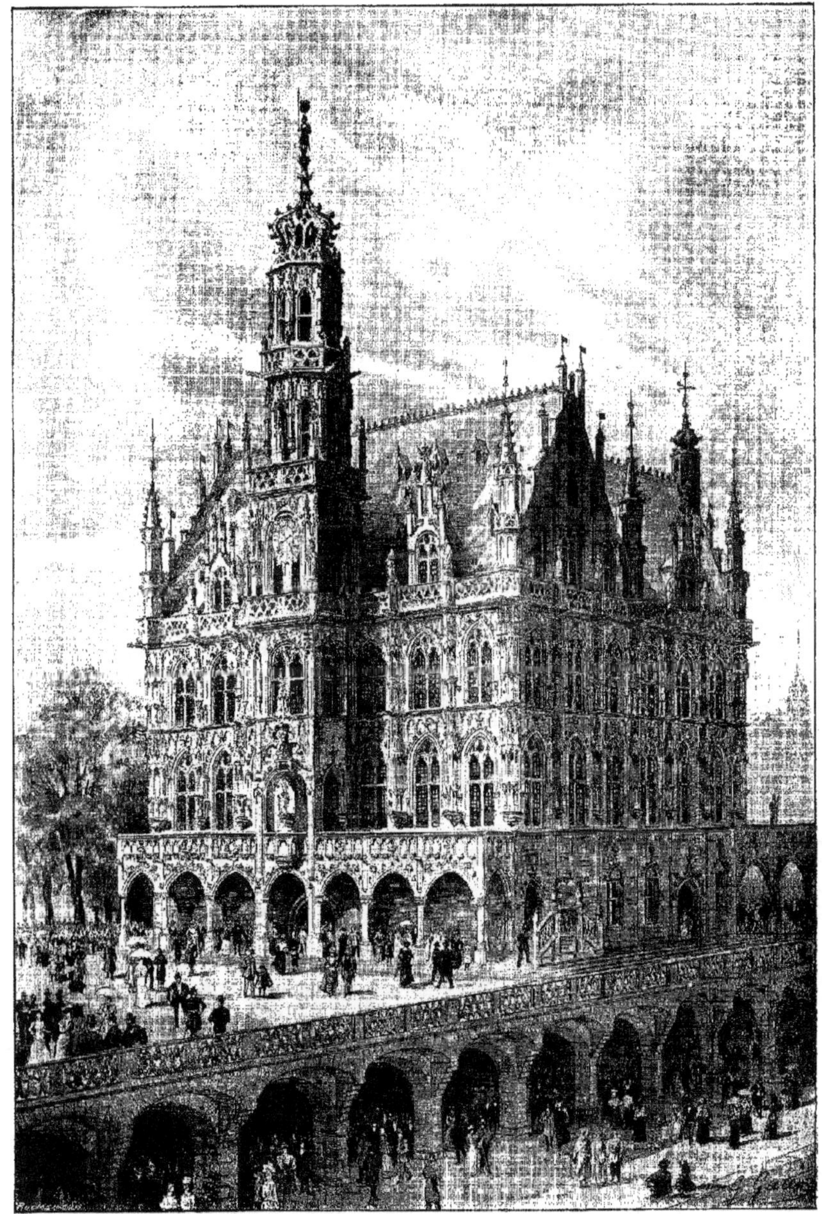

PALAIS DE LA BELGIQUE

Nous retrouvons une autre forme du style flamand dans le palais de la Belgique[1], qui fait face au pavillon du Luxembourg, du côté de la Seine. C'est une reconstitution fidèle d'un superbe spécimen de l'art gothique en Belgique, le ravissant hôtel de ville d'Audenarde, avec ses clochetons, ses statues et son ornementation sculpturale, profusion de guillochures et de dentelles.

Voici maintenant le pavillon de la Norvège[2], construction exclusivement en bois, suivant la coutume du pays et sur le modèle des édifices nationaux. C'est, en effet, un chalet norvégien, avec ses décrochés de toits et de façades. Au rez-de-chaussée, une large galerie occupe l'emplacement de la terrasse-promenade qui court le long du quai.

Ce pavillon voisine avec celui de la Finlande, annexe russe, placé en seconde ligne et d'une curieuse bizarrerie. C'est le seul pavillon qui représente l'immense empire de Russie dans la Rue des Nations.

Allemagne[3].

Le palais de l'Allemagne attire forcément les regards par le caractère sérieux de son plan et de son édification. La charpente, restée apparente, a été faite avec un soin tellement scrupuleux qu'on la dirait édifiée par un maître du moyen âge.

En réalité, l'architecte a savamment reconstitué un édifice civil, hôtel allemand dans le style du xvie siècle, d'un fort bel effet. On retrouve là les motifs décoratifs qui sont admirés dans les monuments des vieilles villes germaniques. Avec ses grands pignons de couleur, son élégant beffroi, ses toits et ses clochetons aux tuiles colorées et vernissées, le palais de l'Allemagne constitue une œuvre intéressante et très visitée.

Elle présente d'ailleurs, à l'intérieur, mille sujets d'attraction.

L'empereur d'Allemagne lui-même a décidé que les trois salles de réception de ce palais seraient ornées par des chefs-

d'œuvre français du xviiie siècle, empruntés aux collections impériales de Berlin et de Potsdam rassemblées par les soins de Frédéric le Grand.

Cette exposition comprend des œuvres fort rares de Watteau, de Lancret, de Pater, de Chardin.

Le mobilier des salles de réception où les œuvres sont exposées est composé de meubles des vieux châteaux de Potsdam, de Sans-Souci et du Nouveau-Palais, tous de style français, et fabriqués à Berlin au xviiie siècle.

Dans l'une d'elles se trouve également une reproduction exacte de la bibliothèque de Frédéric le Grand.

Enfin, la décoration de ces salles est de style Louis XV et rappelle celle des plus belles pièces du château de Potsdam.

C'est la seconde fois seulement, depuis un siècle, que ces chefs-d'œuvre de nos artistes ont quitté les palais royaux où ils sont conservés. Jusqu'ici, ils n'avaient été exposés en public que pendant quelques jours, à l'Académie des Arts de Berlin.

L'empereur a voulu, en envoyant ces toiles dans le pays où elles furent exécutées, en les entourant de meubles français dont il est le propriétaire, et en installant cette exposition française dans la plus belle salle du pavillon allemand, participer directement à l'Exposition de 1900, pour laquelle, d'ailleurs, il n'a jamais caché son vif intérêt.

Aussi, ces superbes collections sont-elles l'objet d'une grande curiosité de la part des visiteurs.

Espagne[1].

Le pavillon royal espagnol ne retient pas moins l'attention dans cette allée bordée de monuments dont les élégantes et fines silhouettes se détachent sur le ciel parisien avec un si étrange cachet d'exotisme. Son ornementation est également empruntée à la Renaissance, bien qu'elle diffère profondément de celle du palais précédent. Elle a été inspirée par certains détails des plus remarquables monuments de la Péninsule.

Cet édifice, suivant la mode architecturale transmise à l'Espagne par les Mau-

---

1. La Belgique expose dans 14 groupes et dans 3 annexes. Crédit officiel : un million.

2. La Norvège expose dans 8 groupes. Crédit officiel : 560.000 francs.

3. L'Allemagne expose dans 15 groupes et dans 4 annexes. Crédit officiel : 6.609.000 francs.

1. L'Espagne expose dans 11 groupes et 2 annexes.

une haute tour adossée à l'un des côtés de l'édifice, et trois autres tours plus basses dont le couronnement rappelle celui du palais des comtes de Monterey, à Salamanque.

L'une des façades est une reproduction de celle de l'Université d'Alcala, construite au XVIᵉ siècle ; une autre rappelle la façade principale de l'Alcazar de Tolède, dont la construction remonte à Charles-Quint.

Ce pavillon a de multiples affectations. Outre les bureaux du service du commissariat royal, il contient un certain nombre de salons destinés à des réceptions officielles, à différentes fêtes et concerts, et qui sont très curieux à visiter. Il ren-

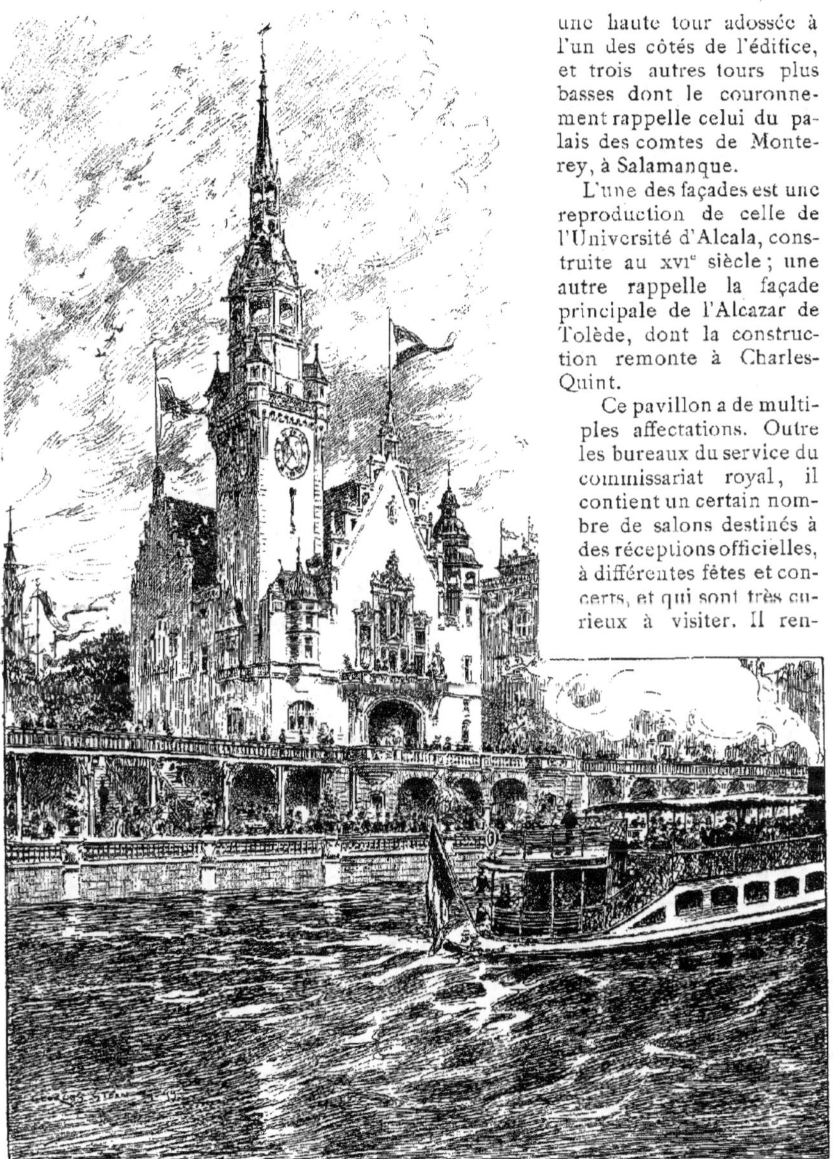

res, comprend un *patio* intérieur ou cour d'honneur formée par des galeries ornées de colonnes et de balustrades ; — ferme, en outre, l'exposition de l'art rétrospectif espagnol.

On sait combien l'Espagne est riche

sous ce rapport. Les diverses civilisations qui se sont succédé dans la Péninsule y ont laissé des traces brillantes de leur passage. Les antiquités ibères, carthaginoises et romaines sont abondantes dans toutes les provinces. Mais c'est surtout l'art arabe qui a enrichi de ses productions les plus exquises les parties méridionales de l'Espagne. Quelques merveilles ont été empruntées à ses collections nationales, et plusieurs collections privées ont offert de véritables raretés, de sorte que l'on peut admirer, au quai d'Orsay, un grand nombre des plus beaux spécimens de l'art espagnol dans toutes ses manifestations.

Monaco, Suède, États Balkaniques.

La principauté de Monaco montre une élégante villa monégasque, édifiée sur pilotis dans la Seine même, et qui sert de section d'exposition.

Au centre du pavillon voisin, celui de la Suède[1], s'élève une grande et haute tour, flanquée de quatre tourelles, reliées à la tour principale par des passerelles aériennes. Des pavoisements et des guirlandes de feuillages artificiels, éclairées la nuit et festonnant autour du pavillon, en complètent heureusement la partie décorative. Toute la construction est en bois apparent verni, ou peint de couleurs gaies et voyantes, d'un aspect singulièrement pittoresque.

Il nous reste à voir, avant d'arriver au pont de l'Alma, quatre pavillons appartenant tous à des États de la péninsule balkanique : ceux de la Bulgarie et de la Roumanie, qui se trouvent sous les ormes, parallèlement aux pavillons de l'Espagne, de la principauté de Monaco et de la Suède ; et ceux de la Grèce et de la Serbie, en bordure de la Seine.

La Bulgarie[2] présente une façade toute de fantaisie, très élégante, avec des clochetons en tulipes renversées.

La Roumanie[3] a élevé une construc-

tion importante, dans le style byzantin particulier aux contrées au delà du Danube.

La Grèce[1] et la Serbie ont également deux pavillons de style byzantin, aux coupoles étagées.

Le palais de la Grèce se distingue par une grande simplicité de contours. Il est carré ; au milieu s'ouvre une salle ronde surmontée d'un dôme et entourée d'un portique, à chaque angle duquel un petit dôme accuse la silhouette. Le tout est en matériaux apparents. Une céramique d'une harmonieuse coloration donne à ce pavillon un cachet tout particulier et introduit une note brillante à cette extrémité de la Rue des Nations.

Enfin, l'architecte du palais de la Serbie paraît s'être inspiré des monuments religieux de ce pays. Il a édifié une grande salle centrale, sur laquelle s'ouvrent quatre autres pièces à toitures hémisphériques. Une riche décoration intérieure rappelle les fresques brillantes qui décorent certains sanctuaires de l'Orient.

Dans l'*Exposition de Paris de 1900*, une série d'articles et de dessins a été consacrée aux édifices de la Rue des Nations et nous renvoyons à cette belle publication le lecteur désireux de plus amples détails que ceux, forcément restreints, contenus dans les lignes qui précèdent. Chacun des palais du quai d'Orsay y fait l'objet d'une monographie spéciale splendidement illustrée.

Les Perspectives de la Seine à la passerelle du Pont de l'Alma.

Avant de continuer cette description des édifices de la rive gauche de la Seine, signalons au visiteur le point de vue qui, dans la vaste enceinte de l'Exposition, sera peut-être le plus attrayant.

C'est celui qui permet de contempler les merveilleuses perspectives de la Seine, en amont ou en aval, en se plaçant au milieu de la passerelle établie sur le fleuve, avant d'arriver au pont de l'Alma. Très curieuse elle-même, cette passerelle présente l'aspect d'un pont de

---

1. La Suède expose dans 11 groupes et 1 annexe. Crédit officiel : 805.000 francs.

2. Crédit officiel : 300.000 francs.

3. La Roumanie expose dans 5 groupes. Crédit officiel : 300.000 francs.

1. Crédit officiel : un million. La Grèce n'expose que dans son pavillon.

bateaux de modèle primitif, disposés en travers du courant, et soutenus dans leur partie centrale par des piliers habillés

laisse apercevoir, des deux côtés, le plus beau panorama du monde. En effet, la voie fluviale et la double perspective

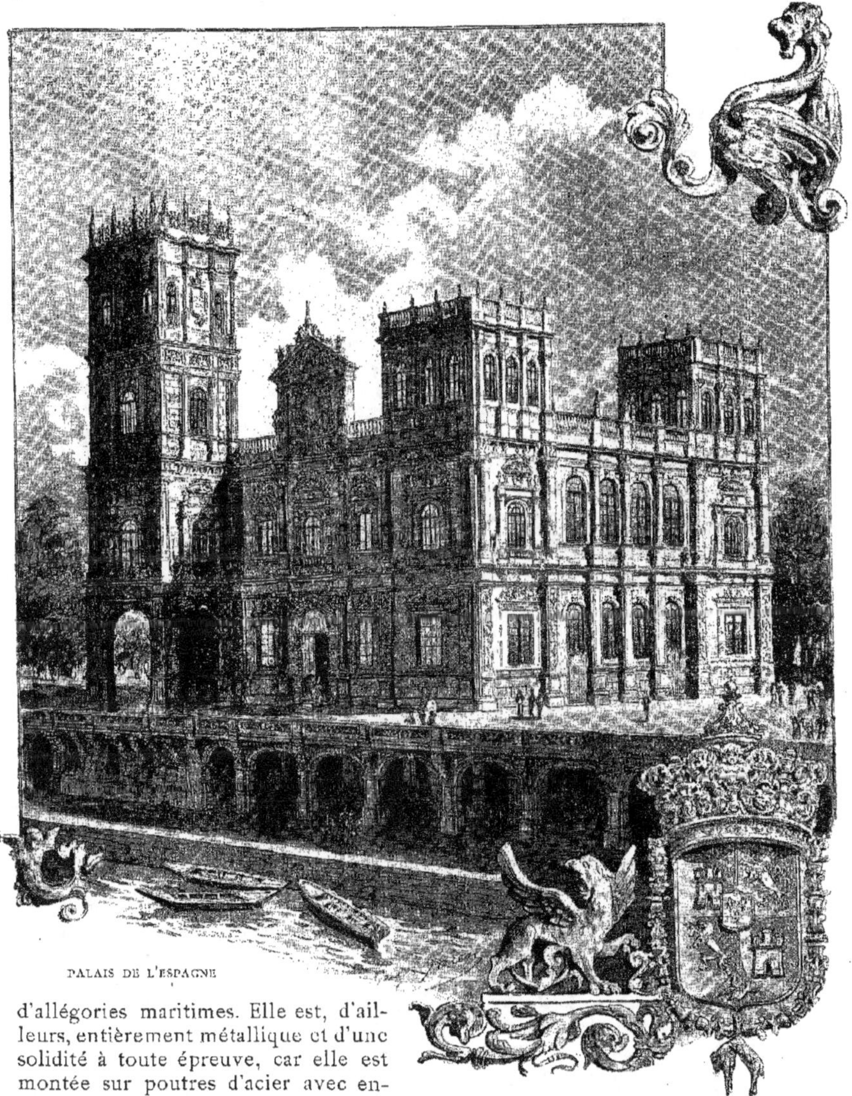

PALAIS DE L'ESPAGNE

d'allégories maritimes. Elle est, d'ailleurs, entièrement métallique et d'une solidité à toute épreuve, car elle est montée sur poutres d'acier avec entretoises de même matière. Le vélum qui la couvre est tendu à l'extrémité de deux rangées de rames placées debout.

Comme la passerelle est légèrement plus élevée que le pont de l'Alma, elle

des quais présentent, de ce point, un coup d'œil absolument féerique aux amateurs de belles lignes architecturales reflétées dans les eaux calmes de la Seine.

En amont, à droite, c'est l'éblouissement de la Rue des Nations, dont nous pouvons maintenant reconnaître, l'un après l'autre, les pavillons, puisque nous venons de les parcourir en détail.

Tout près, les palais serbe, grec, suédois, roumain, offrent à l'œil charmé les lignes harmonieuses et légères de leur architecture quasi orien-

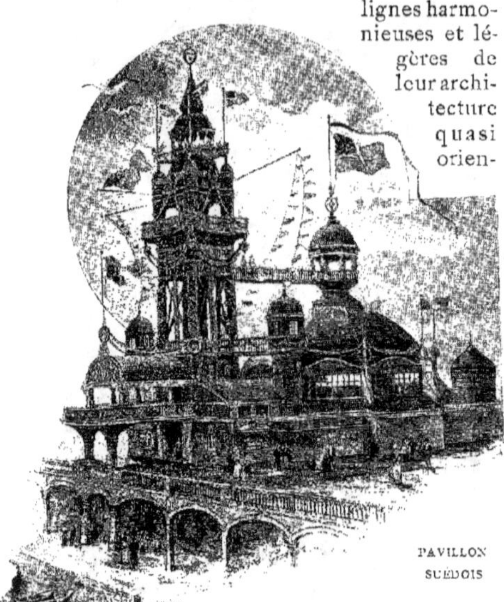

PAVILLON
SUÉDOIS

talc; plus loin, c'est la Belgique au toit écaillé d'ardoises, aux pignons énormes soutenus par de légères colonnettes gothiques, puis l'Allemagne, avec son clocher bruni, recouvert de tuiles rousses et agrémenté d'une longue flèche terminée par une pesante croix de cuivre. La Hongrie voisinant avec la Norvège, la principauté de Monaco côte à côte avec l'Espagne, forment entre elles un contraste frappant.

Après avoir dépassé la Rue des Nations, le regard intéressé et curieux s'arrête sur les palais de l'Esplanade des Invalides.

Là, c'est une fête de couleurs éclatantes : les dômes précieusement enluminés et dorés, les mâts sculptés, les oriflammes, les drapeaux, les architectures monumentales aux détails gracieux ou majestueux, les écussons où resplendissent les armes des villes de France, tout cela prend, à distance, une éton-

nante importance. Les tons violents se fondent, s'unifient, les heurts brutaux de couleurs disparaissent : c'est une réjouissante harmonie et non point le chaos, comme certains avaient affecté de le craindre un moment.

Le paysage est fermé, au fond, par les pylônes du pont Alexandre III, et à gauche, par le pavillon de la Ville de Paris, les serres monumentales du palais de l'Horticulture et de l'Arboriculture, le palais des Congrès.

En aval, la vue, passant par-dessus le pont de l'Alma, plonge directement, à droite, dans le fouillis amusant du Vieux Paris, court le long du quai de Billy, et s'arrête, émerveillée, sur les jardins du Trocadéro.

Là, c'est l'élancement hardi des clochetons du palais Sibérien, où tintent toutes les heures les carillons des cloches saintes, soigneusement émaillées et ciselées, et bénies par le pope Jean, le patriarche respecté de tous, l'ami de l'empereur Alexandre III.

Autour du palais Sibérien apparaissent d'autres palais coloniaux étrangers, ainsi que le petit et le grand palais de la Chine.

Sur la rive gauche, domine la silhouette massive et imposante du palais des Armées de Terre et de Mer, dont les créneaux et les mâchicoulis se détachent vigoureusement sur le fond ensoleillé formé par les eaux étincelantes de la Seine.

Deux portes seulement introduisent le public, de l'extérieur de l'Exposition dans la partie du quai d'Orsay que nous venons de parcourir : la porte 23 du côté du pont des Invalides, la porte 22 du côté du pont de l'Alma[1]. Elle communique, d'ailleurs, avec l'Esplanade des Invalides par une passerelle jetée, comme nous l'avons vu, par-dessus le carrefour Latour-Maubourg ; — avec la rive droite de la Seine par les passerelles du pont des Invalides et du pont de l'Alma ; — avec la partie du quai d'Orsay qui s'étend en aval par un double couloir divisant la foule en un courant ascendant et un courant descendant.

Suivons ce dernier courant, en passant par le premier couloir qui s'offre à nous

1. Ces deux portes se trouvent respectivement à proximité du ponton des bateaux-omnibus du pont des Invalides et du pont de l'Alma (rive gauche).

derrière le pavillon de la Grèce et nous débouchons, en aval du pont de l'Alma, à côté du pavillon de la Presse, où se trouve installé un bureau des postes et télégraphes [1].

En face, s'élève le monument du Mexique [2], qui est certainement l'un des palais offrant le plus attrayant cachet d'exotisme. C'est un remarquable spécimen des constructions mexicaines modernes : un grand parallélogramme, terminé à ses deux extrémités par deux hémicycles. En façade du côté de la Seine, un portique d'où la vue s'étend sur le fleuve et sur la rive opposée.

A côté, c'est le pavillon de l'Hygiène (16e groupe : classe 111) qui renferme surtout des expositions particulières d'appareils et de produits hygiéniques très intéressants au point de vue de la santé

1. A côté du pavillon de la Presse, et dans le même alignement, se trouve un restaurant roumain.

2. Le Mexique n'expose que dans son pavillon.

publique : méthodes antiseptiques et prophylactiques, désinfection, etc.

Nous nous trouvons maintenant en présence du Palais des Armées de Terre et de Mer, qui constitue certainement un des bâtiments les plus importants et les plus curieux à visiter de l'Exposition de 1900.

Le Palais des Armées de Terre et de Mer.

On se rappelle les vicissitudes par lesquelles ont passé les projets de cet édifice.

Le Ministère de la Guerre avait décidé, il y a environ deux ans, de mettre au concours la construction de ce palais destiné à recevoir les collections des divers arsenaux militaires, collections comprenant les engins, armes et explosifs découverts depuis environ dix ans.

Le projet reçu et se rapprochant le plus des desiderata exprimés par le jury était celui d'un bâtiment d'architecture Louis XIV, dont l'ensemble représentait, dans sa masse et dans sa silhouette générale, un grand vaisseau d'environ 300 mètres de

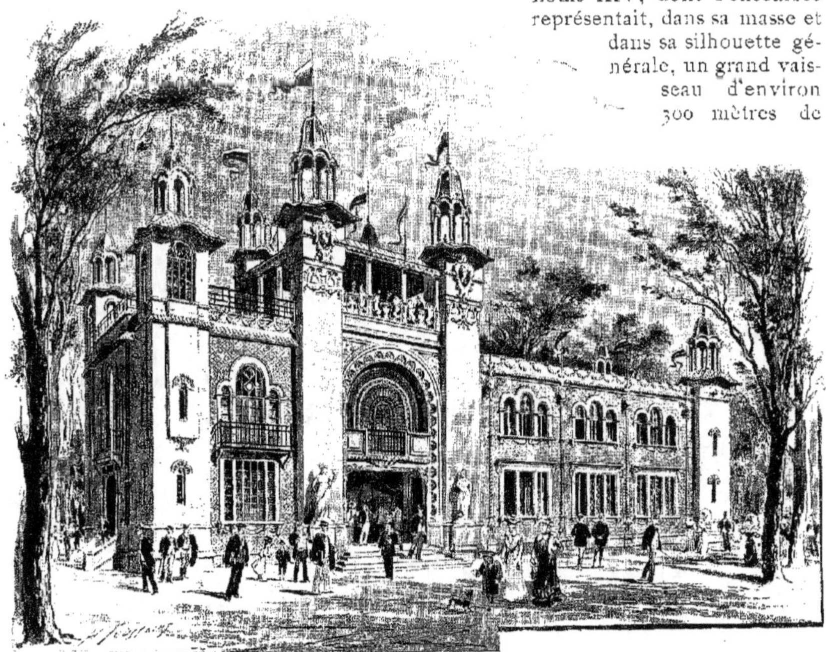

PAVILLON DE LA BULGARIE

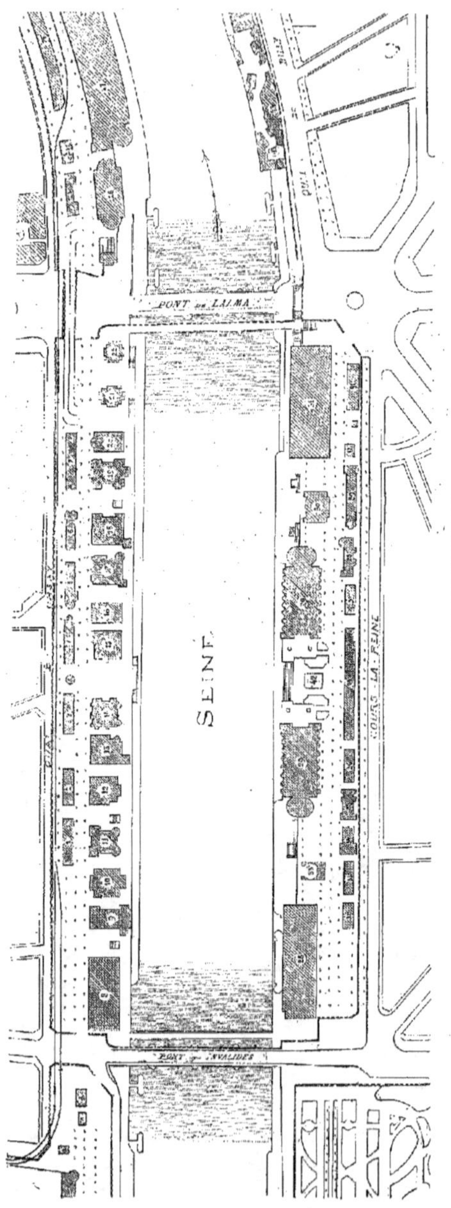

PLAN DES DEUX RIVES DE LA SEINE

1. Portugal. — 2. Pérou. — 3. Perse. — 4. Luxembourg. — 5. Finlande. — 6. Bulgarie. — 7. Roumanie. — 8. Italie. — 9. Turquie. — 10. Etats-Unis. — 11. Autriche. — 12. Bosnie-Herzégovine. — 13. Hongrie. — 14. Grande-Bretagne. — 15. Belgique. — 16. Norvège. — 17. Allemagne. — 18. Espagne. — 19. Monaco. — 20. Suède. — 21. Grèce. — 22. Serbie. — 23. Pavillon de la Presse. — 24. Restaurant Roumain. — 25. Chauffage-Ventilation. — 26. Mexique. — 27. Palais des Armées de Terre et de Mer. — 28. Ville de Paris. — 29. Horticulture et Arboriculture. — 30. Palais de la Danse. — 31. Palais de l'Économie Sociale et des Congrès. — 32. Restaurant Tchèque. — 33. Maison du Rire. — 33 bis. Pavillon de la Chanson. — 34. Tableaux vivants. — 35. Chat Noir. — 36. La Roulotte. — 37. Grand Guignol. — 38. Bonshommes Guillaume. — 39. Auteurs gais. — 40. Tour du Merveilleux. — 41. Restaurant Français. — 42. Aquarium de Paris. — 43. Le Vieux Paris.

longueur. L'arrière reproduisait, en grandeur naturelle, le « château de poupe » des navires de l'époque des Jean Bart et des Suffren, avec des sculptures et ornements maritimes composés par le grand statuaire Pierre Puget. L'avant, au contraire, représentait la proue d'un cuirassé monstre, du type du *Charner*, du *Hoche* et du *Formidable*. Ces deux tronçons encastraient le bâtiment, dont le milieu formait un pavillon monumental surmonté d'un grand mât blindé, avec tourelles, phares et pavois.

Les dessins qui en ont été publiés à cette époque, notamment par l'*Exposition de Paris de* 1900, ont rendu la physionomie de ce monument familière, et, il faut le dire, très séduisante et très populaire.

Pour des raisons d'un ordre particulièrement délicat, M. de Freycinet, ministre de la guerre, donna l'ordre de surseoir à la construction de ce palais. « Il pourrait être dangereux, disait une note officieuse, d'exposer à tous les regards les engins qui font la force de notre armée ; il ne convient pas de se prêter inconsidérément à la compromission des secrets de notre défense nationale. »

Le projet fut donc

abandonné. Il faut croire que les successeurs de M. de Freycinet ont trouvé, — ce qui n'avait d'ailleurs rien de difficile, — un moyen de tout concilier, puisque néanmoins le palais des Armées de Terre et de Mer a été construit [1].

Seulement, des raisons de surface utilisable, des nécessités absolues, ont amené la modification complète du projet primitivement adopté.

Le palais réalisé s'inspire plutôt de l'époque du moyen

qui sert de passage pour le public désirant aller du quai d'Orsay au quai de Billy ou vice versa. Le tablier de la passerelle se trouve à 10 mètres environ

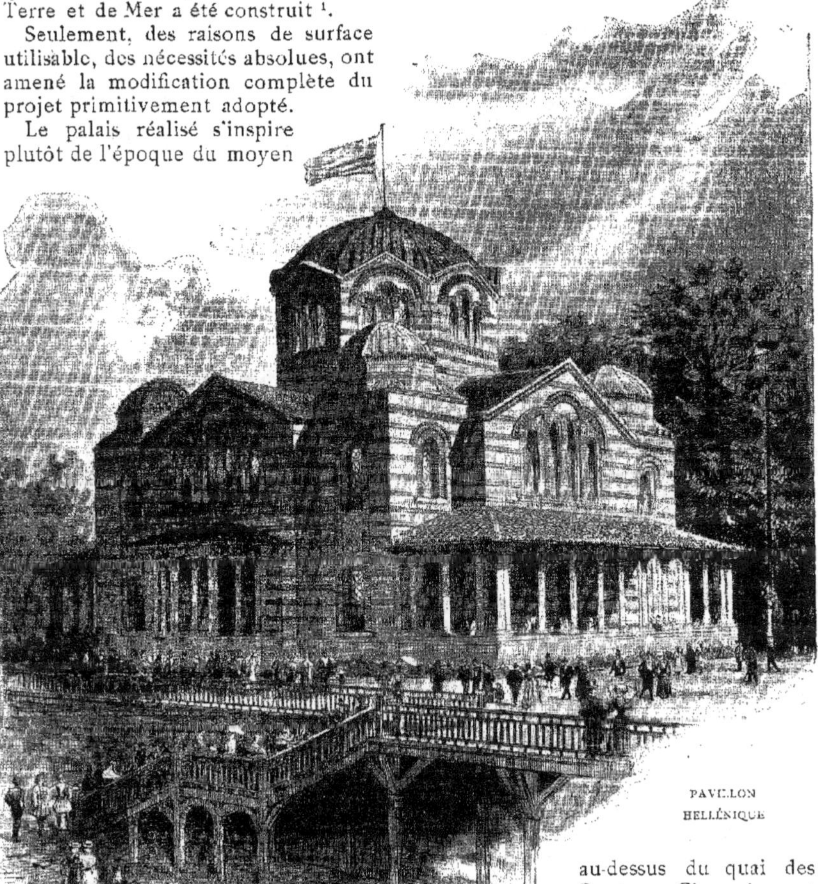

PAVILLON
HELLÉNIQUE

au-dessus du quai des Ponts-et-Chaussées, et laisse passer au-dessous d'elle un chemin réservé, de 7 mètres de largeur, qui longe la Seine devant le palais.

âge, et donne l'impression d'une enceinte de ville forte, telle que la cité de Carcassonne, ou de Coucy-le-Château.

Le motif central du bâtiment forme donjon, et la passerelle lancée dans son axe par-dessus la Seine vient déboucher comme un pont-levis dans la grande arcature qui forme vestibule d'honneur et

Pour que le public voie très clairement combien il est facile de communiquer directement entre ces niveaux différents (celui du bas quai et celui de la passerelle), deux grands escaliers ont été ménagés dans le bâtiment et affirment franchement, à l'extérieur, par une architec-

1. Cette construction a coûté 2 millions.

ture à jour semblable à celle du célèbre escalier du Podestat, à Florence, la disposition du plan par rapport à la façade. Ces escaliers constituent une véritable merveille d'audace, de légèreté et d'art.

Le donjon a environ 27 mètres de façade, mais par suite de la disposition des escaliers latéraux, le motif central, dans son ensemble, atteint 74 mètres de longueur.

L'emplacement de la passerelle, dont l'axe a été déterminé invariablement par la rue de la Manutention, sur le quai de Billy, occasionne cette particularité, semblable à celle des compositions gothiques et romanes, de ne pas déboucher juste au milieu de la longueur de la façade.

Ne pouvant modifier cette disposition, les architectes en ont tiré un excellent parti.

Les deux extrémités du palais sont absolument différentes.

Du côté du pont de l'Alma, une rotonde monumentale de 20 mètres de diamètre termine le hall par un escalier à jour semblable aux escaliers du motif central, et inspiré, comme disposition, de l'escalier de la cour d'honneur du château de Blois. Cela a permis d'établir de grands paliers aux étages, et indique en même temps au public du dehors les accès faciles mis à sa portée.

Du côté du pont d'Iéna, le bâtiment est terminé par une large entrée en forme de tour carrée, couronnée par des chemins de ronde fortifiés.

Cette construction monumentale n'a pas moins de 340 mètres de façade.

Toutes les collections des Ministères de la Guerre et de la Marine sont installées dans les salles et, sauf en ce qui concerne quelques pièces qu'il est impossible d'exposer, le public peut se rendre compte des progrès réalisés depuis dix ans dans l'armement sur terre et sur mer.

En plus de l'exposition de l'art militaire moderne, ce groupe [1], comme tous les autres, comporte un musée rétrospectif de l'art militaire depuis l'époque de Louis XIV.

Parmi les sections étrangères de ce groupe, signalons l'exposition du ministère de la guerre prussien.

En dehors de ses ambulances du dernier modèle, de réductions des cités ouvrières militaires de Spandau, il tient surtout une place importante dans le musée de l'armée, avec une reproduction exacte des uniformes les plus typiques de l'armée prussienne, depuis l'avènement du Grand-Electeur jusqu'à nos jours.

Il y a quatre groupes, comprenant : le premier, des soldats de la période de 1688 à 1740 ; le deuxième, de 1740 à 1806 ; le troisième de 1806 à 1843 et le quatrième de 1843 à nos jours. Les dessins des personnages ont été exécutés par Knœtel, l'artiste qui, actuellement, est considéré comme le meilleur connaisseur en matière d'histoire des uniformes et de l'armement. Le sculpteur Paul Werner a modelé ces figures, qui sont reproduites en grandeur naturelle et ont le corps en papier mâché et la tête en cire. Les différents personnages ont des équipements, des vêtements et des armes *authentiques*.

Au milieu de tous ces soldats, une place spéciale est réservée au « *Lange Kerl* », — littéralement : le long garçon. C'était le soldat préféré de Frédéric-Guillaume Ier. Cet homme, appelé aussi « le Grand Anglais », parce qu'il était de cette nationalité, avait une taille de $2^m,10$. Il vécut à Berlin, jusqu'à près de cent ans, « toujours le plus grand et le mieux fait de la ville », dit la chronique.

Les quatre groupes comprennent en tout quatre-vingt-dix personnages.

La Saxe, la Bavière et le Wurtemberg ont envoyé également quelques modèles.

En arrière du palais des Armées de Terre et de Mer, se trouvent des annexes appartenant à ce même dix-huitième groupe, tant pour la section française, que pour les sections de la Russie, de la Grande-Bretagne et de la Belgique [1].

---

1. Dix-huitième Groupe : Armées de Terre et de Mer.

1. Il y a aussi, derrière le palais des Armées de Terre et de Mer, du côté du pont de l'Alma, une annexe de la classe 74 (Appareils et procédés du chauffage et de la ventilation).

Le département de la marine russe a participé à ce groupe par des envois de produits de ses usines, ateliers de constructions navales, établissements scolaires et autres institutions de son ressort.

Le département de la guerre y fait figurer le modèle en relief d'une école de cadets en Russie, exécuté avec la plus minutieuse exactitude, notamment dans la reproduction des aménagements intérieurs de ces sortes d'établissements. L'original de ce modèle est l'école de cadets de Simbirsk, qui constitue le type le plus perfectionné de ces écoles militaires.

Tous les corps de cadets et autres établissements d'instruction militaire ont d'ailleurs participé à l'Exposition universelle, en y envoyant quantité d'albums de vues photographiques, ainsi que des travaux d'élèves, tels que dessins, peintures, plans, etc.

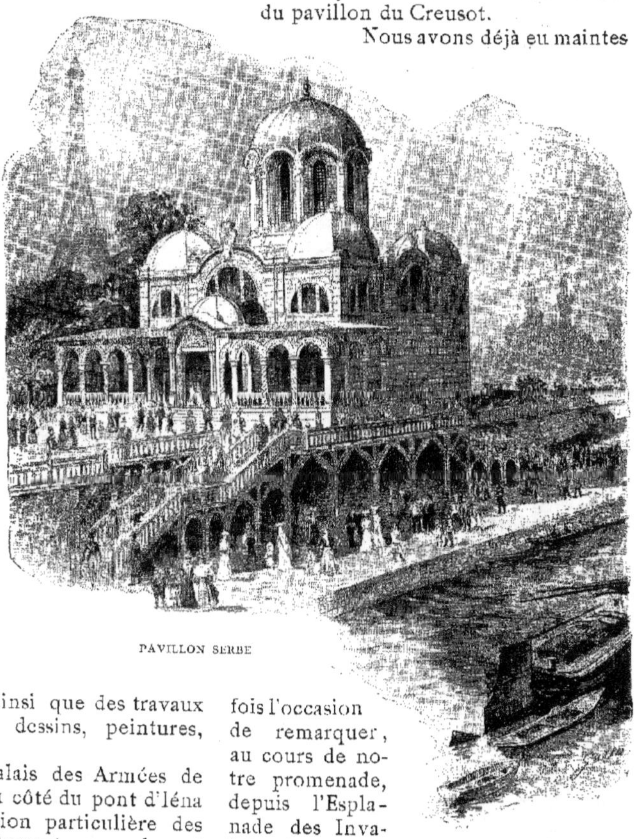

A la suite du palais des Armées de Terre et de Mer, du côté du pont d'Iéna se trouve l'exposition particulière des établissements du Creusot, auxquels sont dus une partie des formidables engins de guerre que l'on vient de voir dans le dix-huitième groupe. Sa visite complète donc fort heureusement celle du palais des Armées de Terre et de Mer.

Nous voici arrivés à l'angle du Champ-de-Mars.

Pour visiter méthodiquement les nombreux édifices qui couvrent ce vaste espace, nous engageons le lecteur à com-

PAVILLON SERBE

mencer par l'ancienne Galerie des Machines transformée.

Afin de nousrendre rapidement sur ce point, le moment est donc venu de recourir à l'un des moyens de transport rapides mis à notre disposition dans l'enceinte de l'Exposition, et dont nous apercevons justement une station à côté du pavillon du Creusot.

Nous avons déjà eu maintes fois l'occasion de remarquer, au cours de notre promenade, depuis l'Esplanade des Invalides, la double ligne des trottoirs mobiles et du chemin de fer électrique. Rendons-nous compte, maintenant de leur parcours exact et de leur fonctionnement.

Ces deux voies seront, en effet, de la plus grande utilité pour transporter les visiteurs, dans les deux sens, entre l'Esplanade des Invalides et le Champ-de-Mars, — à des vitesses différentes que chaque voyageur choisira suivant sa plus ou moins grande hâte.

Les trottoirs mobiles
et le chemin de fer électrique.

Les trottoirs mobiles et le chemin de fer électrique sont exploités par un seul et unique concessionnaire, M. de Mocamble, suivent exactement le même parcours, et empruntent leur courant moteur à la même source.

L'idée des trottoirs mobiles n'est pas nouvelle. Depuis que l'on s'est rendu compte de la valeur du temps, et que des moyens de transport de plus en plus rapides ont permis de décupler la somme de « vie » dont chacun de nous peut disposer, on s'est ingénié à chercher un remède à l'un des inconvénients les plus graves de ces modes de transport. Nous voulons parler de la perte considérable de temps occasionnée par les arrêts nombreux nécessités pour prendre et pour déposer des voyageurs.

Un ingénieur français, M. Hénard, paraît être le premier qui ait eu l'idée, pour éviter ces arrêts, de substituer aux véhicules ordinaires, sur un parcours donné, une plate-forme mobile, portant des sièges sur toute sa longueur et constituant par conséquent une chaîne de wagons ininterrompue, un *train continu* roulant sur une voie ferrée.

C'est en 1886 que M. Hénard proposa ce moyen pour le transport des voyageurs dans l'Exposition de 1889. Sa plate-forme aurait marché à une vitesse de 5 kilomètres à l'heure, avec un arrêt de quinze secondes par minute, pour permettre aux voyageurs de monter ; la vitesse de marche était, par ce seul fait, réduite à 4 kilomètres à l'heure.

L'idée, n'ayant pas eu de suite, fut reprise et réalisée pour la première fois à l'Exposition de Chicago, en 1893, pour transporter les voyageurs, depuis les bateaux qui naviguaient sur les lacs jusqu'à l'enceinte de la *World's Fair*. En reprenant le projet de M. Hénard, les deux ingénieurs américains Silsbee et Schmidt s'attachèrent à le perfectionner, de façon à accroître considérablement la vitesse de 4 kilomètres à l'heure, jugée insuffisante.

Ils commencèrent par supprimer l'arrêt de 15 secondes par minute, cause de retard dans la marche et de détérioration du matériel pas des secousses perpétuelles. Cet arrêt était, en effet, inutile pour permettre aux voyageurs de monter.

Un homme marchant au pas à une allure modérée, parcourt aisément 5 kilomètres à l'heure ; rien ne lui est donc plus facile que de passer, du sol, sur une plate-forme se mouvant avec la même vitesse. En vertu du même raisonnement, il est aussi facile de passer d'une plate-forme se mouvant à raison de 5 kilomètres à l'heure, sur une seconde plate-forme allant dans le même sens avec une vitesse de 10 kilomètres. Rien n'empêcherait de passer de même sur une troisième et une quatrième plate-forme mobile à une vitesse de 15 et de 20 kilomètres, et ainsi de suite, indéfiniment.

Le projet de MM. Silsbee et Schmidt fut expérimenté pendant deux mois, sur une ligne d'essai organisée au Jakson Park de Chicago. Deux trottoirs mobiles (l'un à raison de 4 kilomètres, l'autre à raison de 8 kilomètres à l'heure), transportèrent plus de dix mille personnes des deux sexes et de tout âge, sans qu'il se produisît le moindre accident.

De place en place étaient disposés des poteaux permettant aux personnes ayant besoin d'un point d'appui de passer du sol immobile sur le premier trottoir mobile. La plate-forme marchant à la vitesse de 8 kilomètres, portait sur toute sa longueur des banquettes à trois places.

Entre le niveau des plates-formes, il n'y avait qu'un intervalle de 5 centimètres, rempli de longues bandes de caoutchouc, pour empêcher le pied de s'y introduire.

Afin de pouvoir circuler dans les courbes, le trottoir mobile n'était pas continu, mais composé d'une suite de plates-formes de 3^m,66 de longueur, et suffisamment espacées pour qu'il leur fût possible de franchir sans difficulté des arcs de 23 mètres de rayon.

L'intervalle entre chaque section de plate-forme était couvert par un panneau mobile, articulé à charnière sur l'un des châssis et s'appuyant librement sur le suivant.

Mais comment peut-on imprimer des vitesses différentes aux diverses plates-formes ?

Le principe est des plus simples.

Le trottoir mobile de M. Hénard était un véritable train continu roulant sur une voie ferrée. La plate-forme de MM. Silsbee et Schmidt était au contraire munie d'un rail continu, se mouvant sur des poulies fixes servant de galets. La surface plane se déplaçait en contre-haut de la surface cylindrique qui restait fixe.

re. Ce métropolitain surélevé assurerait le déplacement de 30 000 voyageurs à l'heure.

L'Exposition de Berlin de 1896 possédait d'après le même système, un trottoir mobile à double plate-forme affectant l'aspect

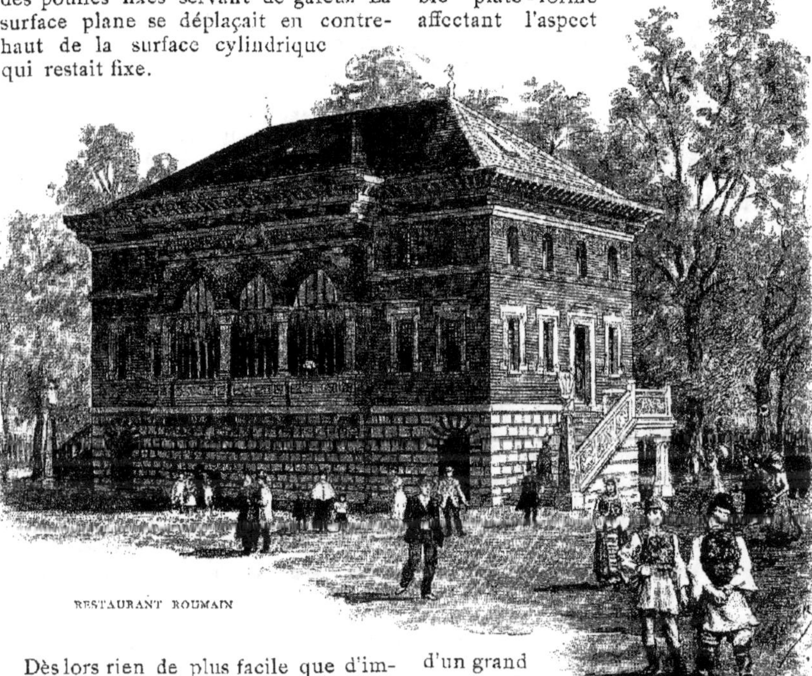

RESTAURANT ROUMAIN

Dès lors rien de plus facile que d'imprimer aux diverses plates-formes des vitesses différentes.

Sur un axe unique animé d'un mouvement de rotation, sont montées plusieurs paires de poulies d'un diamètre différent. Chaque paire de poulies donne le mouvement à une plate-forme distincte, et il est bien évident que la plate-forme actionnée par les poulies à grand diamètre, avancera bien plus rapidement que celle circulant sur les poulies d'un diamètre réduit, quoique le mouvement de l'axe moteur unique soit uniforme.

C'est la simplicité même de ce système qui avait engagé MM. Silsbee et Schmidt à proposer l'établissement à Chicago d'un métropolitain à quadruple plate-forme mobile, la quatrième marchant à la vitesse d'environ 20 kilomètres à l'heu-

d'un grand carrousel circulaire. Ce trottoir mobile reproduisait exactement les mêmes détails que celui du Jakson Park de Chicago. Les vitesses des deux plates-formes étaient respectivement de 5 et 10 kilomètres à l'heure. Pour une longueur totale de 500 mètres, le trottoir se composait de 122 voitures.

A Paris, les trottoirs mobiles sont établis sur un viaduc de 7 mètres de hauteur, soutenu par des pieds-droits constitués par de fortes poutres en bois, sur l'itinéraire suivant [1] : l'Esplanade des In-

1. Voir notre plan d'ensemble de l'Exposition, page 9.

valides, le long de la rue Fabert ; le quai d'Orsay, le long des pavillons des puissances étrangères et du Palais des Armées de Terre et de Mer ; le Champ-de-Mars, le long de l'avenue de la Bourdonnais : là, la ligne sort de l'enceinte de l'Exposition, et revient à l'Esplanade des Invalides par l'avenue de Lamotte-Picquet.

Le parcours ainsi effectué est d'environ 3 500 mètres.

On accède au viaduc par une douzaine de stations situées à intervalles assez rapprochés, mais seulement — bien entendu — dans l'enceinte de l'Exposition.

Ce viaduc supporte trois trottoirs continus, l'un fixe, les deux autres mobiles, le premier à une vitesse de 4 kilomètres à l'heure, le second à une vitesse de 8 kilomètres. Cette disposition a pour principal objet de permettre au voyageur le moins agile de passer très facilement du trottoir fixe sur le trottoir marchant à 4 kilomètres, et de celui-ci sur le trottoir marchant à 8 kilomètres. En second lieu, elle donne satisfaction à la plus ou moins grande hâte des visiteurs, certains d'entre eux voulant voir toutes choses à loisir, tandis que le temps des autres est limité.

Le trottoir mû à la vitesse de 4 kilomètres parcourt, en effet, un tour complet en 53 minutes, tandis que l'autre effectue le même trajet en 26 minutes seulement. Le premier a 90 centimètres de largeur et le prix du transport est de 25 centimes par personne ; le second a 2 mètres de largeur, et le prix du voyage s'élève à 50 centimes.

Des garde-fous donne toute sécurité à la circulation le long de ces plates-formes, qui ne sont, d'ailleurs, qu'un simple plancher.

Nous n'entrerons pas dans le détail de leur construction et de leur mécanisme moteur. Les lecteurs que cette question technique intéresse trouveront d'amples renseignements à ce sujet, avec de nombreux dessins à l'appui, dans *l'Exposition de Paris de 1900*.

Disons seulement que l'électricité nécessaire à la production du mouvement est fournie par l'usine des Moulineaux de la Compagnie de l'Ouest. Le courant ainsi obtenu est transformé en courant continu par une usine Westinghouse installée justement en face du pavillon du Creusot, où nous nous sommes arrêtés [1]. Il est transporté à la plate-forme par 9 câbles et reçu sur un tableau de distribution permettant d'obtenir la marche dans un sens ou dans un autre ou l'arrêt immédiat.

Le chemin de fer électrique, avons-nous dit, suit le même itinéraire que les trottoirs mobiles, mais sa vitesse commerciale est de 17 kilomètres à l'heure. Il est mû, comme certains tramways électriques, par le courant qu'amène, de la même usine que pour la plate-forme, un rail central placé entre les deux rails de roulement. La voie est tantôt aérienne et située à 7 mètres de hauteur comme celle des trottoirs mobiles, tantôt au niveau du sol et tantôt souterraine. Il en résulte plusieurs dénivellations successives qui donnent aux voyageurs une sensation assez analogue à celle produite par les montagnes russes.

Mais pour le visiteur qui tient à bien voir toutes choses à une allure modérée, il vaut mieux gravir l'un des escaliers donnant accès sur la chaussée roulante, se placer sur le premier trottoir mobile, animé seulement d'une vitesse de 4 kilomètres à l'heure, et contempler à loisir le spectacle qui se déroule sous les yeux.

Comme nous l'avons dit, nous nous rendons ainsi, en suivant la lisière du Champ-de-Mars le long de l'avenue de la Bourdonnais jusqu'à l'ancienne Galerie des Machines.

Pendant ce trajet, nous pouvons juger de l'importance et de la disposition générale des bâtiments du Champ-de-Mars et de leurs annexes, et nous descendons de la plate-forme à la station située juste en face de la porte de l'ancienne Galerie des Machines du côté de l'avenue de la Bourdonnais.

1. Ce courant est continu afin de rendre le démarrage facile et de permettre, s'il en est besoin, l'augmentation ou la diminution des vitesses de translation.

V

Le Champ-de-Mars

Vue d'Ensemble.

Le Champ - de - Mars, emplacement pour ainsi dire classique des Expositions Universelles de Paris, offrait, en 1889, un spectacle tellement merveilleux, qu'il était bien difficile de le faire oublier et d'éviter de fâcheuses comparaisons, à moins de faire *mieux*. Pour cela, il fallait surtout faire *autrement*. C'est à ce dernier parti que l'on s'est arrêté, et la disposition des bâtiments a été complètement modifiée.

Aussi, en 1900, le Champ-de-Mars ne ressemble-t-il en rien à ce qu'il était en 1889.

Seules, la Tour Eiffel et la Galerie des Machines ont été conservées. Encore cette dernière a-t-elle été totalement transformée à l'intérieur, tandis qu'on en a absolument caché la vue, du côté de l'esplanade, par la somptueuse façade du Palais de l'Electricité.

Ce brillant édifice et le Château d'Eau qui en occupe le centre produisent un aspect totalement différent de celui de la Galerie de 30 mètres, du dôme central et de la fontaine de Coutan, en 1889.

Même métamorphose dans la double ligne des façades latérales du Champ-de-Mars, entre le Palais de l'Électricité et le niveau du bord extrême des piles sud de la Tour Eiffel.

Ce ne sont plus des alignements uniformes et simples, mais une double série de palais d'une architecture variée et grandiose, formant trois retraits successifs, accentués par des pavillons d'angle, des deux côtés d'une vaste esplanade centrale, mesurant 130 mètres de largeur dans sa partie la plus étroite.

Cet espace est occupé par de magnifiques jardins, rivalisant de charme avec ceux des Champs-Élysées, et qui sont, comme ces derniers, un des plus grands attraits de l'Exposition tant par leur

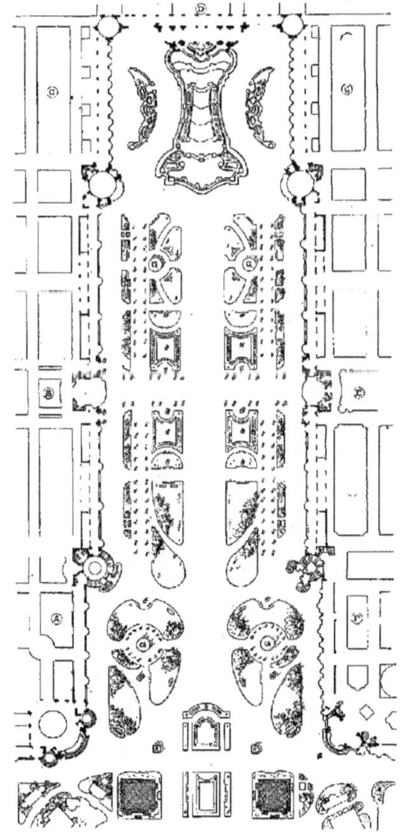

PLAN DU CHAMP-DE-MARS

A, Palais des mines et de la métallurgie. — B, Palais des fils, tissus et vêtements. — C, Palais des industries mécaniques. — D, Château d'eau monumental et Palais de l'électricité. — C, Palais des industries chimiques. — D, Palais du génie civil et des moyens de transport. — F, Palais de l'enseignement et des procédés généraux des arts et des sciences. — G, Kiosques à musique.

beauté propre, que par celle des perspectives qu'ils offrent aux regards.

Ces jardins se prolongent, aux abords de la Tour Eiffel, par un véritable parc, planté de grands arbres, coupé de pelouses et de pièces d'eau, au milieu et autour duquel ont été groupées les principales attractions dues à l'initiative privée.

L'ensemble est superbe. Les détails ne sont pas moins intéressants, ainsi qu'on va le voir par la description que nous allons donner des principaux palais qui couvrent le Champ-de-Mars.

La Grande Salle des Fêtes.

L'intérieur de l'ancienne Galerie des Machines, avons-nous dit, a été notablement transformé.

On l'a divisé en trois parties approximativement égales.

La partie médiane est occupée par une Salle des Fêtes, d'une superficie de 6.500 mètres carrés, susceptible de contenir 25.000 personnes. C'est comme un immense cirque, avec piste circulaire, gradins, tribunes.

Sa décoration se compose de huit panneaux marouflés : quatre grands panneaux exécutés par MM. Cormon, François Flameng, George Rochegrosse et F. Maignan, et quatre petits panneaux représentant les quatre saisons : le *Printemps*, de M. Eugène Thirion, l'*Été* de M. Eugène Maillard, l'*Automne* de M. Gustave Surand, l'*Hiver* de M. Hirsch.

La Salle des Fêtes est éclairée par 4.500 lampes à incandescence.

C'est dans cette salle qu'aura lieu l'inauguration officielle de l'Exposition, la distribution des récompenses et toutes les autres solennités d'un caractère officiel relatives à l'Exposition.

Les Expositions de l'Agriculture et de l'Alimentation.

Les deux extrémités de l'ancienne Galerie des Machines, à droite et à gauche de la Salle des Fêtes, ont été aménagées pour recevoir les expositions de l'Agriculture et de l'Alimentation, — la section française du côté de l'avenue de la Bourdonnais, les sections étrangères du côté de l'avenue de Suffren.

La décoration de la partie consacrée à l'Agriculture est constituée par de hauts portiques ornés de fleurs des champs : bleuets, coquelicots, etc.

Les produits y sont classés par régions : Nord, Midi, Centre, Est et Ouest [1].

La décoration de la partie consacrée à l'Alimentation est composée de fruits et de feuillages.

Tout le reste de l'aménagement et de l'ornementation des deux expositions est identiquement semblable. L'administration, chez laquelle on constate une préoccupation constante de l'esthétique, a imposé aux exposants des plans déterminés à l'avance, afin de sauvegarder l'harmonie de l'aspect général. Vélums, tentures, cloisons, réparations, portières, tout est du même modèle, et donne à l'ensemble un caractère d'unité et de simplicité qui n'est pas sans art et sans élégance.

L'une des principales attractions du groupe de l'Alimentation [2] est certainement le fonctionnement, sous les yeux du public, d'établissements modèles, somptueux et artistiques, de minoterie, brasserie, raffinerie, préparation du vin de Champagne, etc.

On peut déguster sur place la bière, le cidre, le poiré, etc., que l'on voit fabriquer.

Derrière la Galerie des Machines, le long de l'avenue de la Motte-Picquet,

1. L'Agriculture forme le SEPTIÈME GROUPE et comprend les classes suivantes : *Classe 35*, Matériel et Procédés des Exploitations rurales; *Classe 36*, Matériel et Procédés de la Viticulture; *Classe 37*, Matériel et Procédés des Industries agricoles ; *Classe 38*, Agronomie, Statistique agricole; *Classe 39*, Produits agricoles alimentaires d'origine végétale ; *Classe 40*, Produits agricoles alimentaires d'origine animale; *Classe 41*, Produits agricoles non alimentaires; *Classe 42*, Insectes utiles et leurs produits, Insectes nuisibles et végétaux parasitaires.

1. C'est le DIXIÈME GROUPE, comprenant les classes suivantes : *Classe 55*, Matériel et Procédés des Industries alimentaires; *Classe 56*, Produits farineux et leurs dérivés ; *Classe 57*, Produits de la boulangerie et de la pâtisserie ; *Classe 58*, Conserves des viandes, de poissons, de légumes et de fruits; *Classe 59*, Sucres et produits de la confiserie. Condiments et stimulants ; *Classe 60*, produits alimentaires d'origine viticole. Vins et eaux-de-vie de vin ; *Classe 61*, Sirops et liqueurs. Spiritueux divers et alcools d'industrie ; *Classe 62*, Boissons diverses.

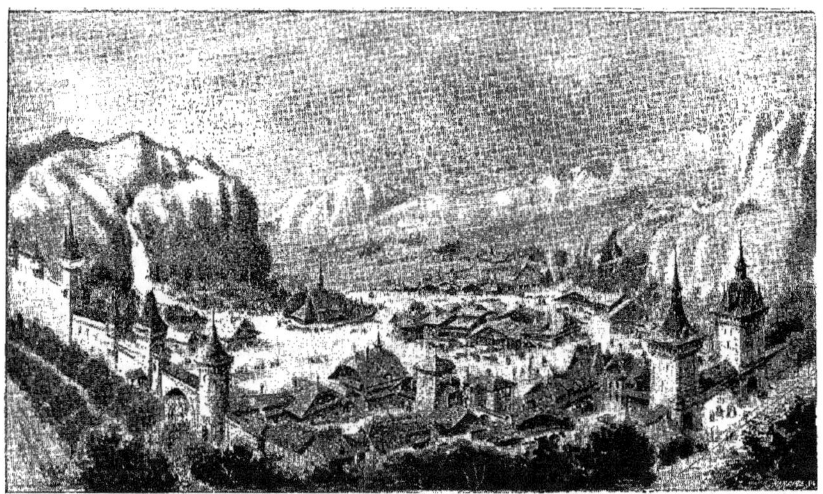

VILLAGE SUISSE

plusieurs annexes sont à visiter [1], dans l'ordre suivant, en allant de l'avenue de la Bourdonnais vers l'avenue de Suffren : Pavillon du Champagne Mercier ; — annexe de la classe 36 (Matériel et procédés de la viticulture) ; — annexe de la classe 42 (Insectes utiles et leurs produits. Insectes nuisibles et végétaux parasitaires) ; — annexe de la classe 39 (Produits agricoles alimentaires d'origine végétale) ; — le Moulin Rose ; — annexe de la classe 37 (Matériel et procédés des industries agricoles) ; — annexe de la classe 35 (Matériel et procédés des exploitations rurales).

Après le restaurant français qui fait le coin de l'avenue de la Motte-Picquet et de l'avenue de Suffren, se trouve une annexe de la section Espagnole [2], puis la rampe sinueuse conduisant à la passerelle qui, par-dessus l'avenue de Suffren, conduit au village suisse.

Celui-ci se trouve donc compris, par le fait même de ce rattachement, dans l'enceinte de l'Exposition, et, pour ne pas être obligé de revenir plus tard sur

ses pas, le visiteur fera bien de profiter de son passage en cet endroit pour y faire une promenade.

La chose, d'ailleurs, en vaut la peine, ainsi qu'on peut s'en rendre compte par notre dessin et par la description sommaire que nous donnons ci-dessous.

Le Village Suisse.

En effet, sous cette désignation vraiment trop modeste, il ne s'agit pas seulement d'un village aux rues bordées d'élégantes constructions dont les modèles ont été empruntés aux diverses régions de l'Helvétie, et où des habitants du pays se livrent aux travaux de leurs industries variées.

C'est toute une véritable Suisse en miniature que nous avons sous les yeux, reconstitution aussi fidèle que pittoresque des beautés naturelles et des chalets typiques de cette contrée.

Quoique la hauteur du cirque de montagnes qui forme l'horizon oscille entre 20 et 40 mètres seulement, les proportions de ses moindres détails ont été si bien établies, qu'avec ses prairies mollement ondulées et verdoyantes, ses bosquets de sapins, ses alpages côtoyant les

---

1. Il y a, à chacun des angles du Champ-de-Mars, sur cette avenue, un restaurant français à prix fixe.

2. A côté, W.-C.

précipices, ses hautes murailles rocheuses, il donne l'illusion de sommets sourcilleux et produit sur le visiteur l'impression la plus saisissante.

Des flancs de la montagne parée d'une végétation réellement alpestre, jaillit une cascade de 30 mètres de hauteur, dont les eaux, bondissant sur les rochers, se pulvérisent, rafraîchissent l'atmosphère et donnent naissance à un pittoresque ruisseau qui traverse le village. Cette cascade, d'un débit quotidien de quatre millions de litres est l'un des « clous » du village suisse.

En rentrant au Champ-de-Mars par l'intermédiaire de la passerelle, on rencontre, à gauche, une biscuiterie espagnole, une laiterie suédoise, où l'on voit fonctionner des écrémeuses centrifuges, une annexe de la section des Etats-Unis (groupe de l'alimentation), une boulangerie allemande, et un bureau des postes et télégraphes.

On voit que ces derniers bureaux sont assez nombreux dans l'Exposition.

Les Cheminées monumentales. — La Force motrice.

En face de ce dernier pavillon, une cheminée monumentale, de 80 mètres de hauteur, attire les regards [1].

1. Cette cheminée a exigé, pour sa construction, 1 500 000 briques ordinaires, sans compter les briques céramées. Elle pèse 8 millions de kilogrammes et coûte 203 000 fr.

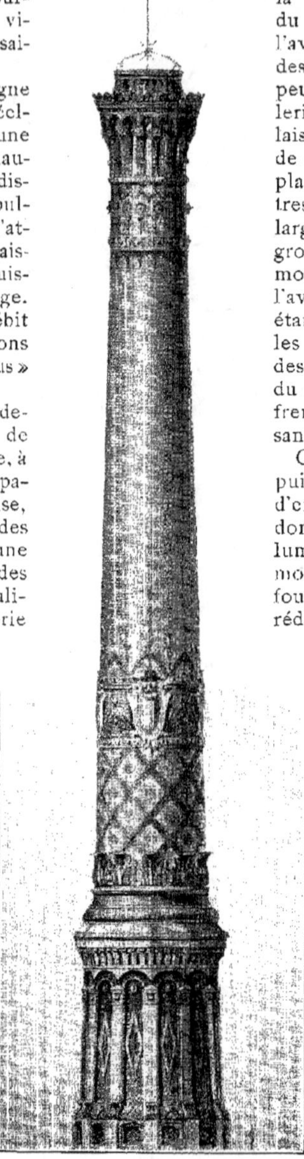

UNE CHEMINÉE MONUMENTALE

C'est l'une des deux cheminées (car il y a exactement la pareille, de l'autre côté du Champ-de-Mars, près de l'avenue de la Bourdonnais), des usines génératrices de vapeur installées entre la Galerie des Machines et le Palais de l'Electricité. Chacune de ces usines occupe un emplacement d'environ 117 mètres de longueur sur 40 de largeur, et constitue un groupe distinct de machines motrices, celui du côté de l'avenue de la Bourdonnais étant réservé pour actionner les installations mécaniques des exposants français, celui du côté de l'avenue de Suffren étant destiné aux exposants étrangers.

Ces usines fournissent une puissance mécanique totale d'environ 20 000 chevaux [1], dont 15 000 utilisés pour la lumière et 5 000 pour la force motrice. Elles pourraient en fournir au besoin 40 000. Elles réduisent en vapeur 200 000 litres d'eau par heure.

Entre la ligne des chaudières et celle des machines s'allonge un espace libre où l'on a établi une voie ferrée reliée directement à la gare du Champ-de-Mars, de telle sorte que le combustible nécessaire arrive dans les conditions les plus favorables.

L'énergie produite est distribuée intégralement sous forme de courant électrique. On peut donc l'envoyer facilement partout où elle est né-

1. En 1889, la force totale des machines de l'Exposition ne dépassait pas 5 000 chevaux.

cessaire, ce qui a permis, en 1900, pour la première fois, de placer à côté des matières premières les machines destinées à les travailler, et ce qui donne par suite, aux diverses exhibitions, une clarté et un intérêt qui étaient beaucoup moindres aux précédentes expositions.

Aussi, la canalisation d'eau, de vapeur et d'électricité ont-elles une longueur de plus de 1.500 mètres, se développant dans tous les sens, sous le Champ-de-Mars, avec une hauteur de 2^m,70 et une largeur de 2^m,60, constituant ainsi de véritables rues souterraines.

Les carneaux pour l'échappement des fumées, véritables tunnels aux dimensions énormes, aboutissent aux deux cheminées dont nous avons un spécimen sous les yeux. Pour ne pas déparer la physionomie riante de l'Exposition, on a donné les plus élégantes proportions et une décoration simple mais gaie, à ce gigantesque cylindre de briques, dont la couleur roussâtre, rehaussée çà et là de vert, de bleu, de jaune, se détache bien sur le ciel. De cette vulgaire cheminée, on a fait une chose presque jolie, et qui s'harmonise fort bien avec le caractère des bâtiments environnants.

Le Palais de l'Electricité
et le Château d'eau.

La Galerie des Machines et les usines de la force motrice sont masquées, du côté du Champ-de-Mars par la façade du Palais de l'Electricité, une des grandes attractions de l'Exposition.

Le mot magique : *Électricité!* n'évoque-t-il pas mille merveilles[1]?

Un palais digne d'elle a été construit pour la puissante fée. Dominant tous les édifices environnants, précédé du Château d'Eau et de deux rampes semi-circulaires, il constitue, dans le décor du Champ-de-Mars, comme une splendide toile de fond.

Entièrement constitué de fer et de

verre, il se développe sur une longueur de 130 mètres, et atteint une hauteur de 70 mètres à son point culminant. Son motif central est dominé par un cartouche où brille la date de 1900, surmontée d'une figure allégorique, symbolisant le Génie de l'Électricité debout sur un char qu'emportent des hippogriphes et brandissant le flambeau du Progrès.

La toiture affecte la forme d'un immense arc de cercle tréflé formé de la réunion de petits arcs de cercle accolés les uns aux autres et soutenus par des pylônes qui vont en diminuant de hauteur de chaque côté, ce qui donne au palais une forme elliptique très gracieuse.

La ligne de toiture est surmontée d'une crête à jour, formant frise, parée de milliers d'oriflammes multicolores.

La façade, en zinc repoussé et ajouré comme une dentelle se compose de neuf baies revêtues d'ornements polychromes, — vitraux et céramiques transparentes, —aux couleurs harmonieusement mêlées.

Le Palais de l'Électricité, justifiant son nom, est illuminé par 5.000 lampes à incandescence de diverses couleurs, 8 lampes à arc avec projecteurs à verres colorés et 4 lampes à arc avec réflecteurs lui faisant, dès que tombe la nuit, une éblouissante parure de feu.

Le sous-sol du Palais de l'Électricité, réservé aux lourds moteurs électriques, est éclairé, jour et nuit, par des lampes. L'étage supérieur communique, par des escaliers, avec les annexes latérales du palais, formées par deux galeries de 30 mètres de largeur.

La travée du centre se prolonge, entre les deux usines de la force motrice, par un grand vestibule, qui aboutit directement à la Salle des Fêtes de la Galerie des Machines.

Le Château d'Eau, placé en avant du Palais de l'Electricité, fait corps en quelque sorte avec ce monument, dans l'axe du Champ-de-Mars, heureuse disposition qui permet aux visiteurs de jouir de toutes parts du beau spectacle qu'il présente.

Il se compose d'une vaste niche hémisphérique de 30 mètres d'ouverture sur 11 mètres de profondeur, contenant une série de vasques immenses disposées en amphithéâtre, d'où tombent des nappes

---

1. L'électricité constitue le CINQUIÈME GROUPE et comporte les classes suivantes : *Classe 23*, Production et utilisation mécaniques de l'électricité; *Classe 24*, Electrochimie; *Classe 25*, Eclairage électrique; *Classe 26*, Télégraphie et téléphonie; *Classe 27*, Applications diverses de l'électricité.

d'eau descendant en cascades pour rejoindre un vaste bassin au bas des larges rampes monumentales ellipsoïdales que nous avons déjà signalées. Des divinités et des génies des eaux forment la base de son ornementation, qui s'inspire un peu du style Louis XV. Au centre de la vasque inférieure se dresse, sur des roches naturelles, un groupe allégorique représentant : l'Humanité, conduite par le Progrès, qui s'avance vers l'Avenir, en renversant dans l'écume deux figures de Furies qui personnifient la Routine.

Au centre de la voûte, jaillit d'une hauteur de 30 mètres une cascade plus imposante que celle de Saint-Cloud, véritable rivière de 10 mètres de largeur, déversant 1.200 litres d'eau par seconde[1].

Partout sont dispersés des groupes d'animaux chimériques vomissant de l'eau, des gerbes, des bouillons, des jets variés.

L'ensemble architectural formé par le Palais de l'Electricité et par le Château d'Eau constitue, de jour et de nuit, un spectacle inoubliable.

1. Cette eau, pompée dans la Seine par deux machines élévatoires, est amenée dans un immense réservoir placé sur la plate-forme du Château d'Eau, à 35 mètres de hauteur. Elle sert ensuite à alimenter les générateurs de vapeur des deux usines de force motrice, qui en consomment, comme nous l'avons dit, 200.000 litres d'eau par heure. Elle peut être également utilisée en cas d'incendie.

Pendant la journée, les oriflammes, les verreries polychromes, les ciselures étincelantes, les dorures, les eaux jaillissantes réjouissent singulièrement les regards.

Le soir, les 5.000 lampes du Palais de l'Electricité et les 1.100 lampes du Château d'Eau s'illuminent de flammes multicolores d'une puissance et d'une variété fantastiques. La grotte s'embrase de rayons réfractés dans la masse liquide, dont les gerbes s'irradient des jeux d'une lumière polychrome changeante, au moyen de procédés nouveaux bien supérieurs à ceux mis en œuvre dans les fontaines lumineuses de 1889, de si célèbre mémoire. Rien n'a été négligé pour faire de ce spectacle étincelant une merveille unique au monde.

Le Château d'Eau ne constitue pas seulement un motif décoratif. Il offre à la foule, des portiques, des promenoirs, dont quelques-uns passent sous les cascades. Ces portiques bordent toute la façade du Palais de l'Electricité, et s'infléchissent ensuite, à leurs extrémités de droite et de gauche, pour former deux vestibules donnant accès, du côté de l'avenue de Suffren, dans le Palais des Industries chimiques, du côté de l'avenue de la Bourdonnais, dans le Palais du

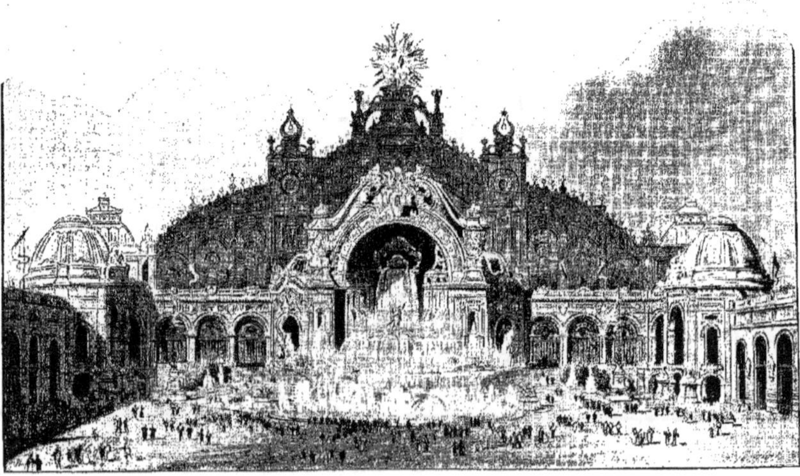

LE PALAIS DE L'ÉLECTRICITÉ ET LE CHATEAU D'EAU

Matériel et des Procédés généraux de la mécanique, qui sont, comme le Château d'Eau et ses larges dégagements, l'œuvre d'un seul et même architecte, M. Paulin.

Invalides, c'est-à-dire que, bien que leurs dessins ne se ressemblent en rien, leurs surfaces sont égales, leurs principales verticales dans les mêmes axes, leurs

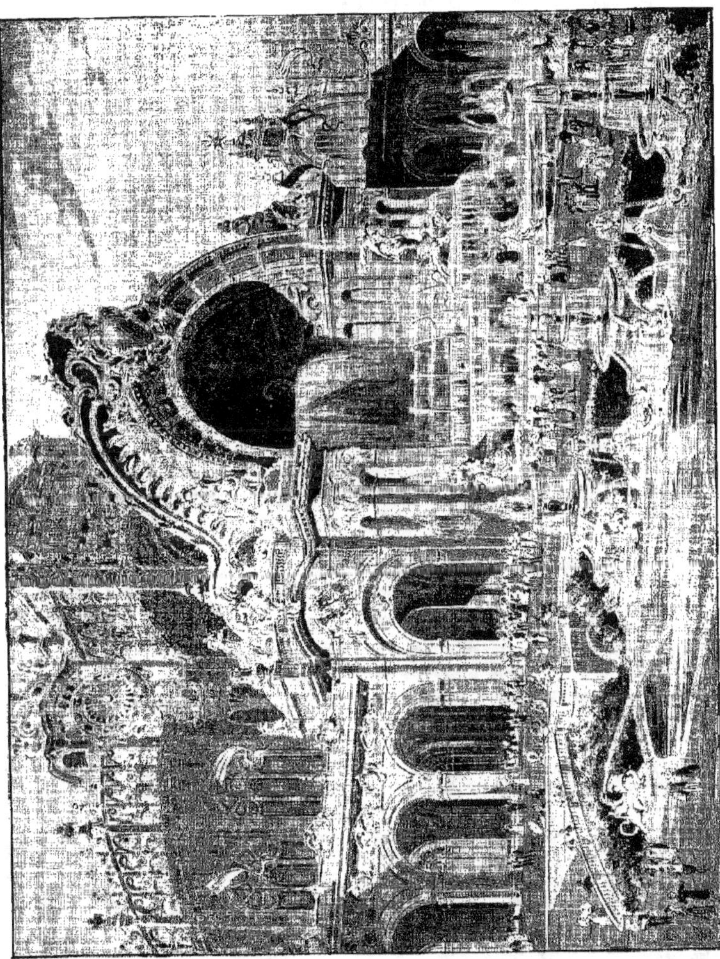

Les Palais du Champ-de-Mars.

Entre le Palais de l'Electricité et la tour Eiffel s'allonge, à droite et à gauche du spectateur une double ligne de palais symétriques.

Ils sont symétriques, entendons-nous, à la manière de ceux de l'Esplanade des grandes lignes à peu près les mêmes.

Les parties planes de leurs larges façades sont de nuances claires; le blanc y domine, comme à Chicago, rehaussé toutefois par des teintes plates empruntées à une gamme de couleurs éteintes ou adoucies ayant pour bases le rose, le vert et le jaune très tendres.

Ces constructions qui doivent leur principal effet décoratif, réellement considérable, beaucoup plus à la forme qu'à la couleur, produisent une impression saisissante.

Elles sont disposées dans l'ordre suivant, pour le spectateur qui les contemple du Palais de l'Electricité en faisant face à la tour Eiffel.

A gauche, le Palais des Industries chimiques, le Palais du Génie civil et des Moyens de Transport, le Palais de l'Education, de l'Enseignement et des procédés généraux des Lettres, des Sciences et des Arts.

A droite, le Palais des Industries mécaniques, le Palais des Fils, Tissus et Vêtements, le Palais des Mines et de la Métallurgie.

Comme nous l'avons déjà indiqué, et comme on s'en rendra encore mieux compte en jetant un coup d'œil sur notre petit plan partiel du Champ-de-Mars, page 55, ces palais se relient par des pavillons d'angle et sont en retrait les uns sur les autres en allant du Palais de l'Electricité vers la tour Eiffel.

Il serait fastidieux de donner ici une description particulière de chacun d'eux. Nous serions exposés à des redites inévitables. Nous préférons renvoyer le lecteur curieux de ces détails aux articles et aux dessins qui ont été consacrés aux palais du Champ-de-Mars dans *l'Exposition de Paris de 1900*.

Nous nous bornerons à quelques indications sommaires relatives aux particularités remarquables de quelques-uns de ces édifices.

Les deux palais du fond, qui se raccordent avec les portiques du Château d'Eau, sont les moins importants et les moins apparents.

Au contraire, les palais symétriques occupant le milieu de chaque ligne de façades ont une longueur double environ de celle des autres, exactement 281^m,40, tandis que leur profondeur est de 129^m,50. Leurs façades postérieures, sur les avenues de Suffren et de la Bourdonnais présentent peu d'intérêt. En revanche, leur architecture en bordure du Champ-de-Mars a été traitée avec une ampleur monumentale.

Enfin la façade des deux palais d'angle les plus rapprochés de la tour Eiffel, par suite de cette situation même, se développe à la fois sur le Champ-de-Mars et parallèlement à la Seine.

Le Palais du génie civil et celui des fils et tissus, qui se font vis-à-vis dans la partie centrale attirent forcément les

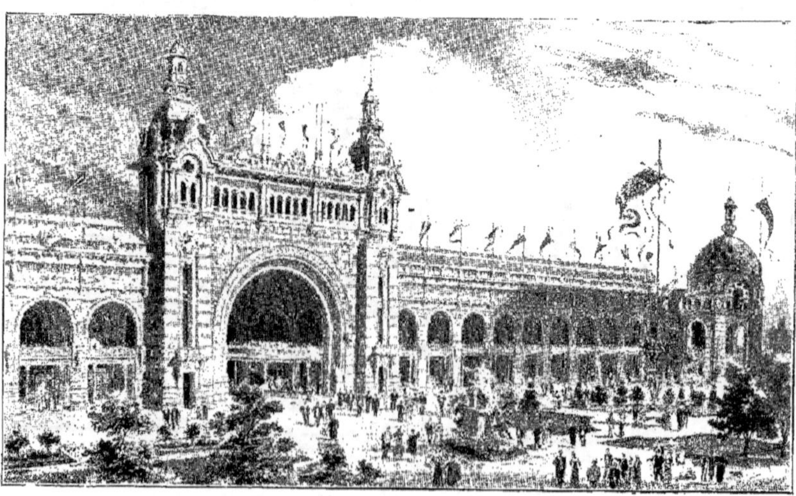

PALAIS DU GÉNIE CIVIL ET DES MOYENS DE TRANSPORTS

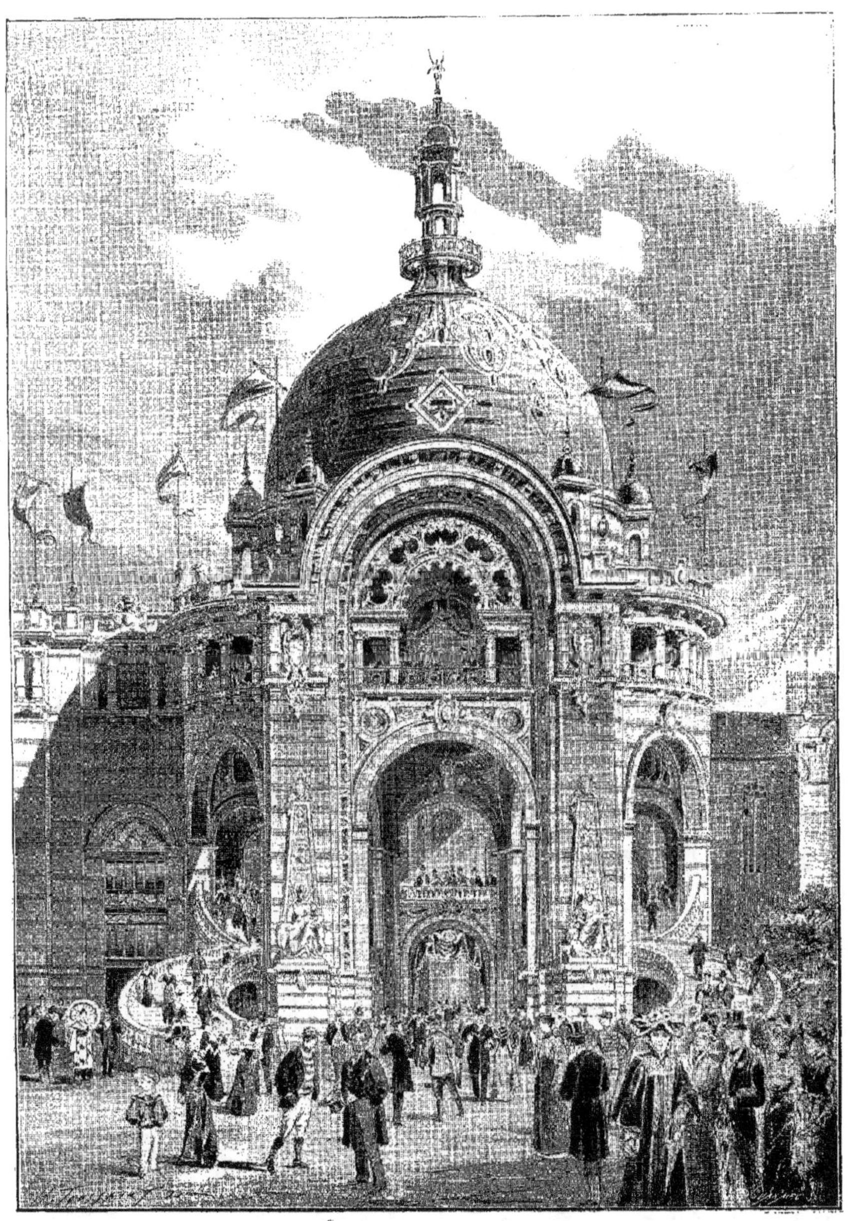

PALAIS DU GÉNIE CIVIL (PAVILLON D'ANGLE)

regards et méritent d'ailleurs l'attention.

Le premier présente en son milieu un porche majestueux de 27 mètres de largeur, à voûte arrondie, flanqué de tours rectangulaires légèrement en saillie surmontées de campaniles. Au-dessus du porche court une sorte de longue *loggia* à colonnettes que domine une balustrade en saillie portant des mâts de pavillons.

Au-dessus des arcades qui s'étendent le long du bâtiment, de chaque côté du porche, court une frise de 2ᵐ,75 de hauteur, œuvre de M. Allar, statuaire, représentant tous les moyens de locomotion dont les hommes se sont servis depuis les temps les plus reculés jusqu'à nos jours.

Le pavillon d'angle qui relie le Palais du génie civil à celui de l'enseignement, est recouvert d'un dôme historié, décoré à l'étage d'une charmante loggia, avec arcature à jour. Un escalier à double révolution contournée forme |perron extérieur, et relie le premier étage au sol. De légers clochetons animent la ceinture de la coupole, surmontée elle-même d'un campanile élancé. L'ensemble est d'une fort élégante fantaisie.

A l'intérieur, le Palais du génie civil se compose de trois nefs de 27 mètres de largeur, parallèles au grand axe longitudinal du Champ-de-Mars. Comme ces nefs se raccordent en prolongement avec celles du Palais des industries chimiques et celles du Palais de l'enseignement, elles forment des perspectives de plus d'un demi-kilomètre de longueur. Ces nefs sont doublées, à une hauteur de 7 mètres, de bas côtés de 9 mètres de largeur formant étage.

Le Palais des fils, tissus et vêtements, qui fait vis-à-vis au Palais du génie civil avec les mêmes dimensions, possède également une disposition intérieure analogue. Son milieu coïncide, sur l'avenue de la Bourdonnais, avec le débouché de l'avenue Rapp, ce qui a motivé exceptionnellement, de ce côté, la construction d'un porche monumental avec vestibule relié par une large galerie transversale au vestibule s'ouvrant sur le Champ-de-Mars.

De ce côté-ci, le grand porche en voûte arrondie et ornée de peintures décoratives est surmonté d'une frise circulaire portant les mots : « Fils, Tissus, Vêtements ». Le motif formant clé représente

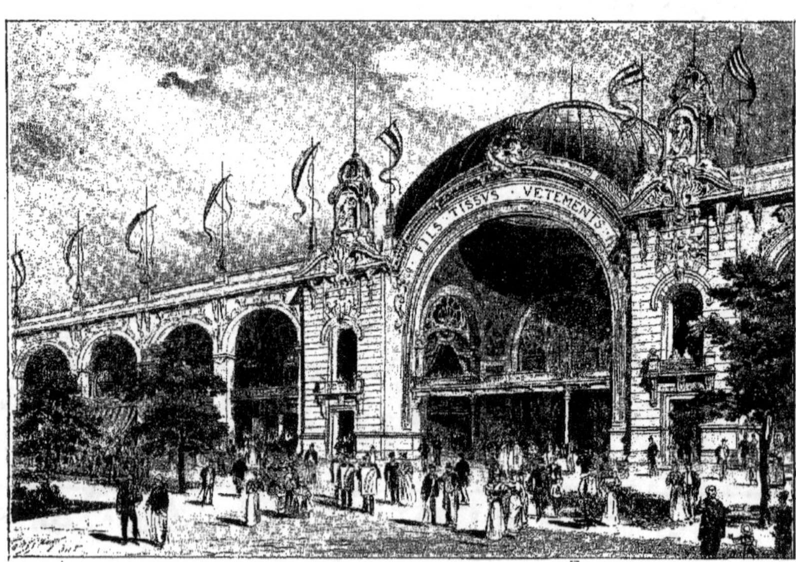

PALAIS DES FILS, TISSUS ET VÊTEMENTS

la Mode étalée sur le rebroussement inférieur d'un cartouche. Ce porche est flanqué, comme son vis-à-vis, de pylônes à campaniles.

Le reste de la façade est une succession de grandes arcades en plein cintre, recoupées à l'étage par des balcons en ferronnerie et sobrement décorées.

Le pavillon d'angle reliant ce palais à celui des mines et de la métallurgie, de forme circulaire, avec un grand dôme, se distingue par un double escalier extérieur comme celui d'en face.

Le Palais des mines et de la métallurgie, ainsi, du reste, que son vis-à-vis, le Palais de l'enseignement, a une façade de 96 mètres sur le Champ-de-Mars et une façade de 76 mètres parallèle à la Seine. Toutes deux sont traitées en portiques et très simples comme lignes.

La grande entrée, en pan coupé à l'angle des deux façades est couronnée par un dôme ayant à peu près l'aspect d'une tiare gigantesque, encadrée de deux pavillons circulaires à jour, renfermant chacun un de ces escaliers à révolution que l'on a multipliés avec beaucoup d'art dans le palais du Champ-de-Mars.

Sous le dôme s'ouvre un porche monumental surmonté d'un campanile où un carillon de trente-deux cloches, pouvant exécuter toutes sortes d'air, réjouit les

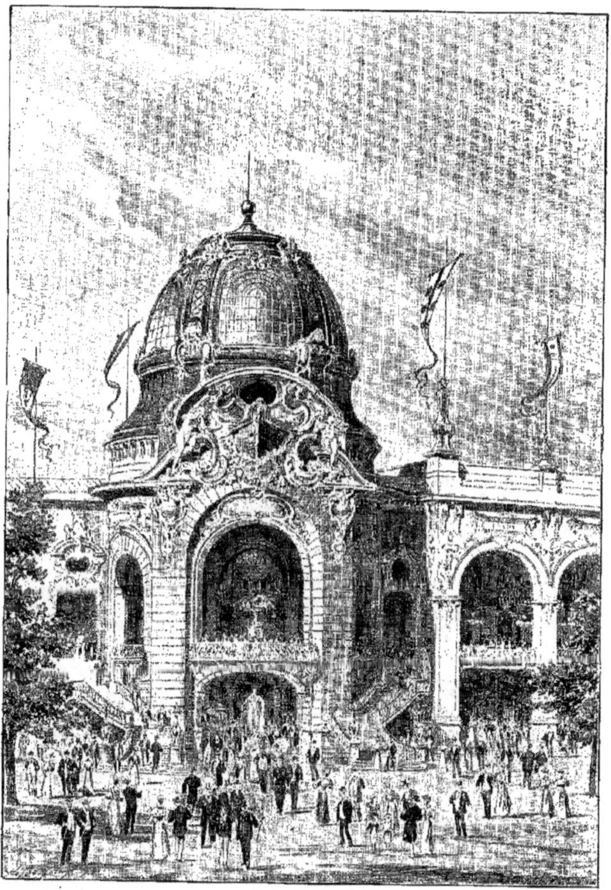

PALAIS DES FILS, TISSUS ET VÊTEMENTS (PAVILLON D'ANGLE)

visiteurs de ses retentissantes fanfares de bronzes clairs. La plus grosse de ces cloches donne le « fa naturel »; elle a 1ᵐ,12 de diamètre à l'ouverture et pèse 840 kilogrammes; la plus petite, au son le plus aigu, « do naturel », n'a que 19 centimètres et pèse seulement 4 kilogrammes.

A l'intérieur, le Palais des mines et de la métallurgie se compose de quatre galeries se coupant à angle droit et formant à leur point de rencontre, un hall quadrangulaire de 32 mètres de côté que couronne un vaste lanterneau également carré.

Le porche débouche sur une salle circulaire située sous le dôme et communiquant directement avec la grande nef carrée. Outre les deux escaliers des pavillons latéraux, un escalier monumental, en face de l'entrée, donne accès au premier étage.

Tels sont les principaux types de palais du Champ-de-Mars, que nous ne pouvons, nous l'avons déjà dit, décrire tous en détail.

Signalons que les portiques de tous les palais, sauf ceux des mines et de l'éducation, donnent asile, tant au rez-de-chaussée qu'à l'étage, à nombre de restaurants, cafés et brasseries. Leurs salles ont une profondeur de 6ᵐ,15 ; la largeur des promenoirs qui la précèdent est de 8ᵐ,20, permettant l'installation de tables et de chaises aux terrasses sans trop gêner la circulation. Du haut de ces terrasses, le spectacle des jardins animés par la foule est des plus attrayants.

Visite des Palais du Champ-de-Mars.

Ici, les alignements successifs et superposés sont encore plus nombreux qu'à l'Esplanade des Invalides, et exigent beaucoup de méthode de la part du visiteur qui tient à tout parcourir sans la moindre omission.

Si nous comptons bien, nous avons à l'intérieur des Palais, trois nefs longitudinales de chaque côté du Champ-de-Mars au rez-de-chaussée, soit *six* alignements.

Chaque nef comporte, à l'étage, deux bas côtés qu'il faut visiter l'un après l'autre, soit *douze* alignements.

Enfin, entre la façade postérieure des palais et les avenues de Suffren et de la Bourdonnais, sont disséminées des annexes formant encore *deux* alignements.

En conséquence, pour tout voir, il faudra parcourir *vingt fois* toute la longueur des palais, dix fois du sud au nord, et dix fois du nord au sud.

Pour procéder méthodiquement on fera bien de visiter d'abord le côté gauche, en regardant la tour Eiffel lorsqu'on part du palais de l'Electricité, puis le côté droit.

Rappelons que l'on rencontre successivement, du côté gauche, le Palais des industries chimiques, le Palais du génie civil, le Palais de l'enseignement.

Enumérons, comme nous l'avons fait pour l'Esplanade des Invalides, les groupes et les classes auxquels sont affectés ces divers palais. Ces indications guideront utilement le visiteur.

Le Palais des industries chimiques renferme le groupe XIV.

QUATORZIÈME GROUPE : Industrie chimique.

Classe 87. Arts chimiques et pharmacie (matériel, procédés et produits).

Classe 88. Fabrication du papier (matières premières, matériel, procédés et produits).

Classe 89. Cuirs et peaux.

Classe 90. Parfumerie.

Classe 91. Manufactures de tabacs et d'allumettes chimiques.

Le Palais du génie civil et des moyens de transport est consacré au groupe VI.

SIXIÈME GROUPE : Génie civil. Moyens de transport.

Classe 28. Matériaux (matériel et procédés du génie civil).

Classe 29. Modèles, fleurs et dessins de travaux publics.

Classe 30. Carrosserie et charronnage (véhicules autres que ceux des voies ferrées).

Classe 31. Sellerie et bourrellerie.

Classe 32. Matériel des chemins de fer et tramways (annexe de Vincennes).

Classe 33. Matériel de la navigation de commerce (palais spécial au bord de la Seine).

Classe 34. Aérostation (annexe de Vincennes).

Le Palais de l'éducation, de l'enseignement et des procédés généraux des Lettres, des Sciences et des Arts, comprend les groupes I et III.

PREMIER GROUPE : Education. — Enseignement.

Classe 1. Education de l'enfant. — Enseignement primaire. — Enseignement des adultes.

Classe 2. Enseignement secondaire. — Enseignement secondaire des garçons. Enseignement classique. Enseignement moderne. Enseignement des jeunes filles.

Classe 3. Enseignement supérieur. — Institutions scientifiques.

Classe 4. Enseignement spécial artistique. Institutions diverses et établisse-

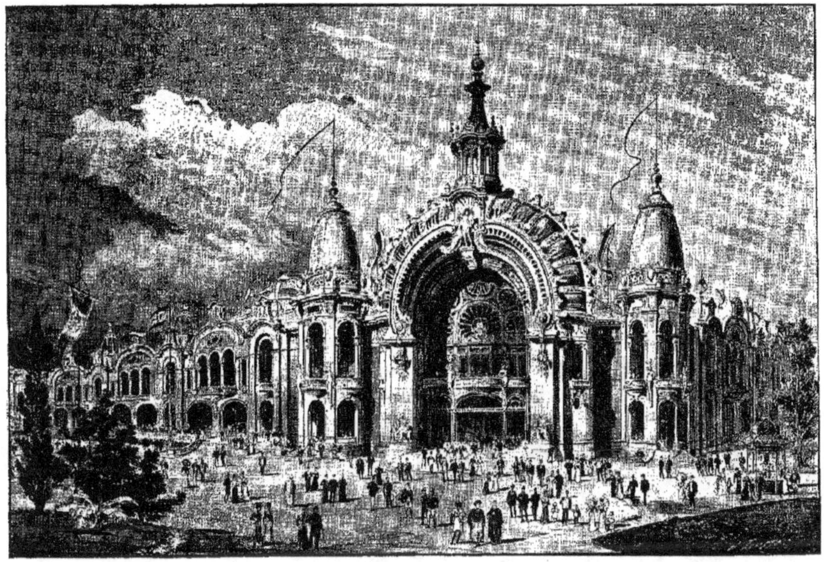

PALAIS DE L'ENSEIGNEMENT. — ARTS, SCIENCES, LETTRES

ments pour l'enseignement des arts du dessin et des arts de la musique.

Classe 5. Enseignement spécial agricole.

Classe 6. Enseignement spécial industriel et commercial.

TROISIÈME GROUPE : Instruments et Procédés généraux des Lettres, des Sciences et des Arts.

Classe 11. Typographie. — Impressions diverses.

Classe 12. Photographie.

Classe 13. Librairie. — Éditions musicales. — Reliure. — Journaux. — Affiches.

Classe 14. Cartes et Appareils de Géographie et de Cosmographie. — Topographie.

Classe 15. Instruments de précision. — Monnaies et médailles.

Classe 16. Médecine et Chirurgie.

Classe 17. Instruments de musique.

Classe 18. Matériel de l'Art Théâtral.

Les annexes situées derrière ce palais, en bordure de l'avenue de Suffren, en allant du Palais de l'Électricité vers la Seine sont : une annexe de la section italienne, une annexe de la section allemande, un restaurant français à prix fixe, un pavillon coréen, une annexe de la section russe, un restaurant munichois[1], une annexe de la classe 6, une annexe de la classe 5, une annexe de la classe 28, une annexe de la classe 63 (Exploitation des mines, minières et carrières), un second restaurant français à prix fixe et une annexe de la classe 11.

Le Palais de la mécanique renferme le groupe IV.

QUATRIÈME GROUPE : Matériel et procédés généraux de la mécanique.

Classe 19. Machines à vapeur.

Classe 20. Machines motrices diverses.

Classe 21. Appareils divers de la mécanique générale.

Classe 22. Machines-Outils.

Le Palais des Fils, Tissus et Vêtements est affecté au groupe XIII.

TREIZIÈME GROUPE : Fils. — Tissus. — Vêtements.

Classe 76. Matériels et procédés de la filature et de la corderie.

Classe 77. Matériel et procédés de la fabrication des tissus.

Classe 78. Matériel et procédés de

---

1. C'est un restaurant de luxe.

blanchiment, de la teinture, de l'impression et de l'apprêt des matières textiles à leurs divers états.

Classe 79. Matériel et procédés de la couture et de la fabrication de l'habillement.

Classe 80. Fils et tissus de coton.

Classe 81. Fils et tissus de lin, chanvre, jute, ramie et autres fibres végétales. Produits de la corderie.

Classe 82. Fils et tissus de laine.

Classe 64. Grosse métallurgie.

Classe 65. Petite métallurgie.

Les annexes en bordure de l'avenue de la Bourdonnais sont, en allant de la cheminée monumentale dans la direction de la Seine, des annexes des classes 20, 24 et 21, puis, après avoir dépassé la porte Rapp, un bureau des postes et télégraphes, un bureau d'octroi, un poste médical, l'Exposition collective de l'industrie du gaz et un restaurant français à prix fixe.

L'Exposition collective de l'industrie du gaz mérite mieux qu'une simple mention. Elle est, en effet, fort brillante, sans jeu de mots. L'éclairage

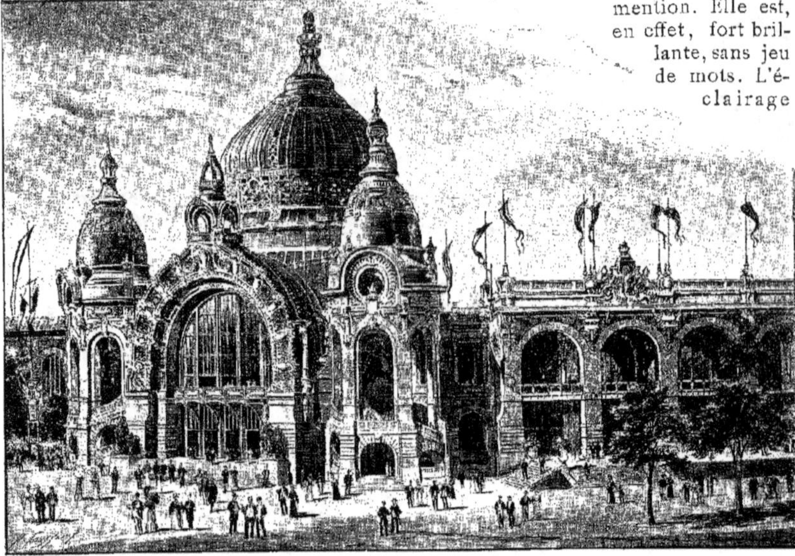

PALAIS DES MINES ET DE LA MÉTALLURGIE

Classe 83. Soies et tissus de laine.

Classe 84. Dentelles, broderies et passementeries.

Classe 85. Industries de la confection et de la couture pour hommes, femmes et enfants.

Classe 86. Industries diverses du vêtement.

Enfin le Palais des mines et de la métallurgie est celui du groupe XI.

Onzième groupe : Mines. Métallurgie.

Classe 63. Exploitation des mines, minières et carrières.

par le gaz y a son historique : on peut voir comment il s'est développé depuis son origine, et surtout depuis que la concurrence de l'électricité, en devenant très redoutable, a forcé les inventeurs à augmenter le pouvoir éclairant du gaz et à diminuer le prix de la lumière qu'il fournit.

Les applications du gaz au chauffage, à la ventilation et à la force motrice ne sont pas non plus oubliées, et l'ensemble constitue une exposition vraiment attrayante par la diversité des appareils exposés.

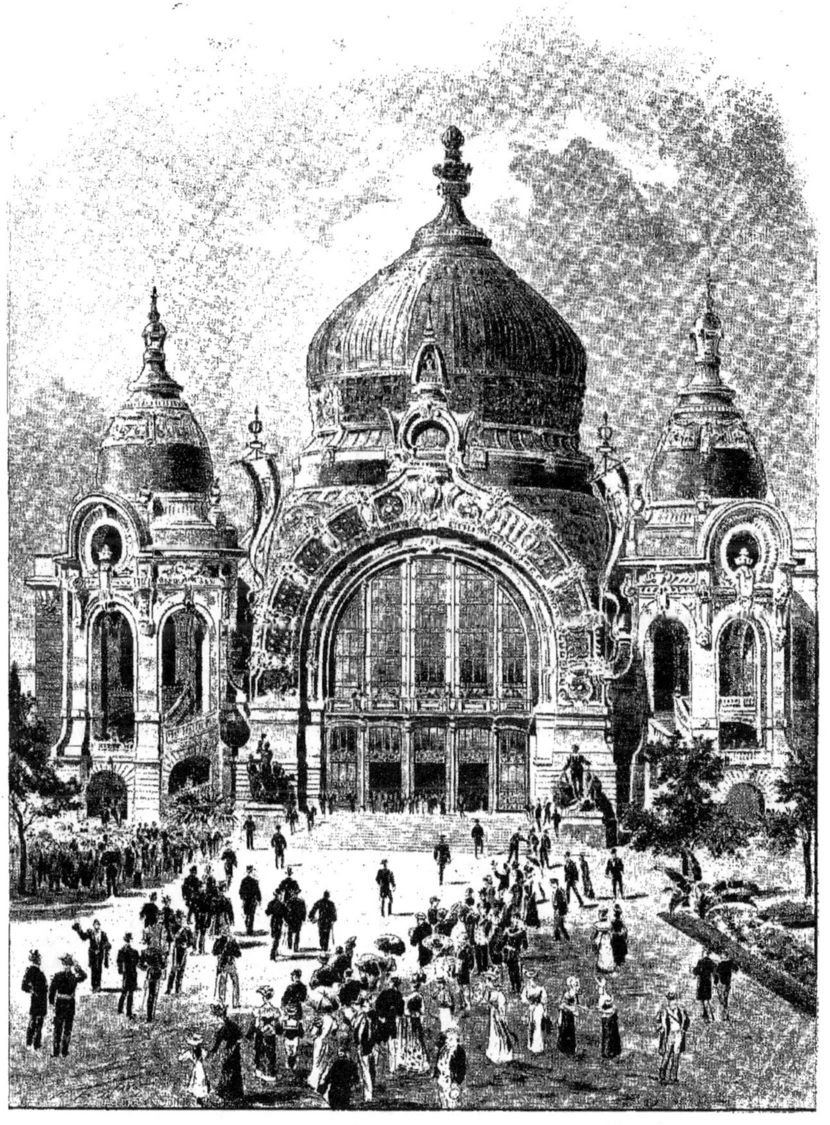

PALAIS DES MINES ET DE LA MÉTALLURGIE (PAVILLON D'ENTRÉE)

Les Jardins et Parcs du Champ-de-Mars.

Le visiteur qui aura parcouru les vingt alignements du Champ-de-Mars, même en s'y prenant en plusieurs fois, aura droit à un repos bien mérité.

C'est le moment de faire une promenade dans les jardins « français » qu'enserre la double ligne des palais, et dans les parcs « anglais » disposés autour de la Tour Eiffel.

Les premiers, à formes sinon géométriques, du moins symétriques, s'étendent depuis le grand bassin du Château d'Eau, jusqu'aux piliers sud de la Tour de trois cents mètres. Les seconds, d'allure plus libre, entourent cette dernière.

Les uns et les autres ont été conçus de façon à former l'un des sites les plus agréables de l'Exposition.

De beaux platanes d'Orient ornent les allées longitudinales et transversales des jardins. Les autres arbres et arbustes ont été disposés en décroissant de taille de la périphérie au centre, avec le souci évident de ménager la perspective du Château d'Eau.

Il n'y a pas moins de quatre kiosques à musique dans ces jardins. Espérons qu'ils ne joueront pas tous à la fois, et qu'il y aura des moments de la journée où l'on pourra jouir du paysage sans musique. Les deux plus voisins de la grande cascade ne sont pas entourés d'arbres ; les deux plus rapprochés de la Tour Eiffel sont ombragés, l'un par des marronniers d'Inde à fleurs blanches et rouges, l'autre par des acacias de Besson.

Les deux lacs situés au pied de la Tour Eiffel ont été conservés avec leurs rochers et leurs pelouses, mais leurs massifs ont été transformés en paysage tropical peuplé de fougères arborescentes, de Dracœna géants, de bananiers aux larges feuilles, de palmiers et de bambous.

L'ensemble est des plus séduisants et retient longuement les visiteurs.

D'ailleurs, les environs de la tour Eiffel, — revêtue elle-même d'une couleur plus gaie que la première et plus en harmonie avec le brillant panorama qu'elle domine, — présentent bien d'autres attraits.

En effet, c'est ici l'endroit où l'on s'amuse !

On a groupé là, outre les principales attractions dues à l'initiative privée, une foule de restaurants, de petits pavillons et de kiosques qui constituent, — au milieu des bosquets, des pelouses et des pièces d'eau, — un spectacle des plus pittoresques et des plus animés.

Cet immense rectangle est toujours rempli d'une foule joyeuse dont les évolutions récréent singulièrement la vue. Une station prolongée, à la terrasse d'un restaurant ou d'un café, y est des plus intéressantes, car, au milieu du va-et-vient incessant des visiteurs, on assiste aux scènes les plus variées.

La Tour Eiffel.

Évidemment, ce n'est pas une nouveauté — songez donc qu'il y a déjà onze ans qu'elle domine l'horizon parisien — mais, puisqu'on l'a conservée, et qu'elle s'impose, qu'on le veuille ou non, à toutes les perpectives de l'Exposition de 1900, il faut bien en dire deux mots.

Les quatre pieds de la Tour étant à 100 mètres de distance les uns des autres, elle couvre donc une surface d'un hectare. Elle s'élève à 300 mètres au-dessus du sol du Champ-de-Mars et à 333 mètres au-dessus du niveau de la mer : on pourrait même compter 341 mètres avec le paratonnerre.

La première plate-forme est à 60 mètres de hauteur, la deuxième à 150 mètres.

On peut y monter à pied par quatre escaliers, mais, pour le même prix, il vaut mieux prendre l'ascenseur.

Du haut de la Tour Eiffel, la vue s'étend sans difficulté jusqu'à une distance de 86 kilomètres ; à l'est, jusqu'à Sens, au sud, jusqu'à Pithiviers, au nord, jusqu'à Villers-Cotterets.

Il sera peut-être intéressant de rappeler que la Tour Eiffel pèse 7.300.000 kilogrammes et que ses fondations s'enfoncent jusqu'à plus de 14 mètres de profondeur.

Elle eut un grand succès en 1889. Son succès, en 1900, ne sera plus dû à la nouveauté, mais à la facilité que donne cet observatoire de contempler, à trois hauteurs différentes, le merveilleux panorama de l'Exposition. Or ce spectacle vaut la peine d'être vu : il en reste une impression d'ensemble inoubliable.

Les Attractions.

Sous ce titre, nous confondrons l'ensemble de constructions touffues et disparates groupées autour de la Tour Eiffel.

Tout est attraction dans une exposition, même le pavillon du Comptoir d'Escompte, qui se trouve juste en face de l'entrée du Palais de l'Enseignement, à gauche de la Tour Eiffel lorsqu'on regarde du côté de la Seine.

Tout à côté s'élève le pavillon du Maroc, dont le style mauresque jette une note exotique intéressante au voisinage du Palais de l'Optique.

Celui-ci est un bâtiment important qui ne couvre pas moins de 5.000 mètres carrés de surface.

L'entrée se trouve vis-à-vis du petit lac situé à l'ouest de la Tour Eiffel, juste dans l'axe de cette dernière. Elle est surmontée d'une grande demi-coupole entourée comme d'une dentelle décorative où figurent les douze signes du Zodiaque. A droite et à gauche s'étend une colonnade de style persan. Les murs sont ornés de cadrans solaires, de sabliers, et autres emblèmes astronomiques.

A l'intérieur, la première salle que l'on rencontre de 24 mètres de longueur est celle du sidérostat, sur 18 de largeur. A la suite, la galerie du télescope, orientée du nord au sud, a 65 mètres de longueur sur 9m,50 de largeur. Au centre, est placé le tube de la grande lunette, merveille de construction, supporté de 9 mètres en 9 mètres par des colonnes. On arrive enfin, dans la grande salle des projections, de 33 mètres de longueur sur 25 mètres de largeur, et entouré de galeries de façon à ce que 3 200 personnes puissent y trouver place.

La principale attraction est certainement la projection de la lune à un grandissement qui n'avait jamais été atteint jusqu'à ce jour, mais d'autres salles offrent des curiosités et des illusions optiques qui justifient pleinement le nom donné au palais qui les abrite.

Derrière le Palais de l'Optique, nous contournons l'emplacement de « Venise à Paris », qui n'est pas dans l'enceinte de l'Exposition, puis, sur la même ligne, le long de l'avenue de Suffren, nous ren-

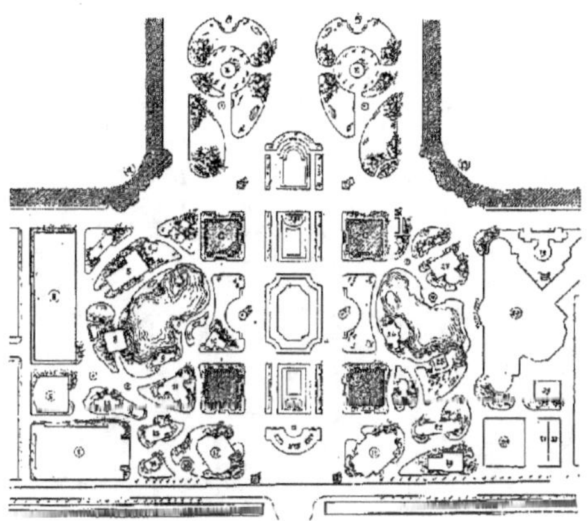

PLAN DES PAVILLONS AUX ENVIRONS DE LA TOUR EIFFEL.

A, Palais des Mines et de la Métallurgie. — B, Palais de l'Education et de l'Enseignement. — C, Piliers de la Tour Eiffel — D, Trinck-hall. — E, Kiosques à musique. *Concessions* : 1, Tour du monde. — 2, Club alpin. — 3, Palais du costume. — 4, Ardoisières d'Angers. — 5, Postes et télégraphes. — 6, Société générale. — 7, Le Sous-Marin. — 8, Palais lumineux. — 9, Automobile-Club. — 10, Restaurant. — 11, Siam. — 12, Chalet Suisse. — 14, Crédit Lyonnais. — 15, Enregistrement et Domaines. — 16, W.-C. — 17, Manufactures de l'Etat. — 18, Palais de la Femme. — 19, Pavillon tyrolien. — 20, Restaurant populaire. — 21, Manutention. — 22, Douanes. — 23, Alcools de Russie. — 24, Equateur. — 25, Touring-Club. — 26, Restaurant. — 27, Guatémala. — 28, Comptoir d'Escompte. — 29, Palais de l'Optique.

controns le Panorama de la Compagnie transatlantique et le Maréorama. Ce dernier donne l'illusion d'un voyage en mer, à bord d'un paquebot faisant le tour de la mer Méditerranée et montrant successivement aux touristes les paysages de Marseille à Tunis, Sousse, Naples, Venise et Constantinople, animés par leurs habitants. Sauf le mal de mer, — et encore ! — on a la sensation d'une réelle traversée « circumméditerranéenne ».

A cet angle du Champ-de-Mars, une passerelle jetée par-dessus l'avenue de

Suffren permet d'accéder au Grand Globe Céleste, qui se trouve ainsi rattaché à l'enceinte de l'exposition. On n'y contemple pas seulement le merveilleux spectacle des constellations et des mouvements synchroniques exacts de diverses planètes, — en un mot, ce n'est pas seulement une leçon d'astronomie amusante, — c'est une attraction, dans le sens le plus large, avec tous les divertissements qui justifient ce titre.

En rentrant au Champ-de-Mars, nous

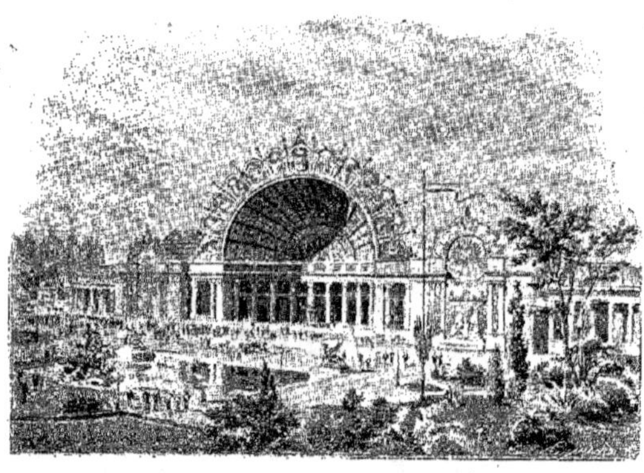

PALAIS DE L'OPTIQUE

rencontrons, à la suite du Maréorama, en nous dirigeant vers la Tour Eiffel, le Cineorama, le pavillon des alcools russes, le Palais de la Femme, et en remontant vers le Palais de l'Optique, le pavillon de l'Équateur, de Touring-Club et un restaurant français.

De l'autre côté de la Tour Eiffel, en face de l'entrée monumentale du Palais des Mines et de la Métallurgie, s'élèvent les pavillons de la République de Saint-Marin, de la Société Générale et des Ardoisières d'Angers.

Au delà, s'allonge perpendiculairement à la Seine, l'élégant Palais du Costume. Sa décoration est des plus gracieuses, les lignes architecturales de la façade étant habillées de jardinières et de corbeilles garnies de plantes naturelles en fleur, renouvelées toutes les fois que la chose est nécessaire. A l'intérieur, figure une attachante exposition

chronologique du costume, au moyen de figures de cires de la composition la plus artistique que l'on puisse rêver. Un restaurateur et un glacier complètent l'attraction de ce palais.

En face du Palais du Costume, se dresse sur un bloc de rocher, d'où jaillit une cascade s'épanchant dans le petit lac qui se trouve de ce côté de la Tour Eiffel, le Palais lumineux Ponsin.

Des rampes monumentales, capricieusement contournées, conduisent à un grand hall orné de tapis et de portières, où l'on peut admirer cinq panoramas des cinq parties du monde.

La particularité de ce palais c'est que tout y est en verre, même les tapis et les portières : celles-ci, de 9 mètres de haut sont en verre filé et tissé à Venise. En verre également, les colonnes, les chapiteaux, les statues. Pendant le jour, ce pavillon resplendit sous le soleil; la nuit, illuminé par des milliers de lampes à incandescence, il s'irradie de mille feux répétés par le miroir du petit lac.

Autour de celui-ci sont disposés également un restaurant français, le pavillon de l'Automobile-Club, un chalet suisse, l'exposition du Siam, le pavillon du Crédit Lyonnais, et d'autres petits édifices affectés à l'Enregistrement et au Domaine, et aux Manufactures de l'Etat.

Voici enfin, à l'angle extrême du Champ-de-Mars du côté de l'avenue de la Bourdonnais, le Tour du Monde, superbe construction où se marient plusieurs styles de l'Europe méridionale, de l'Orient, de l'Inde, l'Indo-Chine, de la Chine et du Japon, dans les diverses tours et galeries qui en forment l'ornementation extérieure.

A l'intérieur, on peut faire un véritable voyage autour du monde, et retrouver successivement à Athènes, à Constantinople, à Suez, en Extrême-Orient, les scènes les plus animées dans un décor d'une exactitude absolue dû au

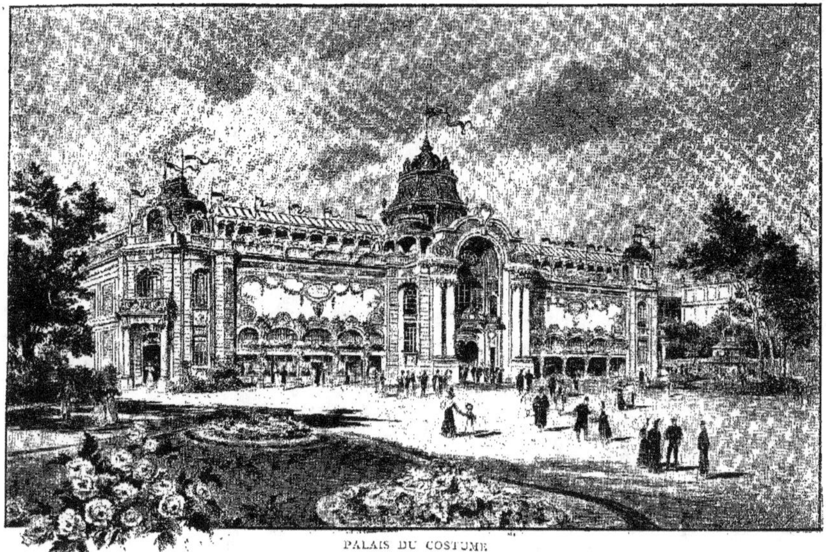

PALAIS DU COSTUME

peintre Louis Dumoulin. Almées égyp-
tiennes, jongleurs indous, danseuses an-
namites, japonaises, espagnoles, donnent
à cette attraction un charme et une
variété des plus goûtés. Le côté dégustation n'est pas oublié, car en passant à
travers le Céleste-Empire, nous pouvons
y boire, dans un kiosque *ad hoc*, au milieu
d'un paysage chinois, du thé à la mode
chinoise.

Nous sommes maintenant bien assurés
d'avoir vu tout ce que renferme le
Champ-de-Mars ; palais, annexes et attractions, entre les deux avenues latérales
de la Bourdonnais et de Suffren, l'avenue
de la Motte-Piquet et la profonde tranchée
qui lui sert de limite du côté de la Seine.

Cette tranchée est couverte, dans l'axe
de la Tour Eiffel et du pont d'Iéna, pour
permettre les communications entre ce
pont et le Champ-de-Mars.

Mais, au moment de s'engager sur ce
pont, on aperçoit, à gauche et à droite,
le long des berges de la Seine (rive gauche) deux palais que le visiteur fera bien
de parcourir avant de traverser le fleuve
pour se rendre au Trocadéro, afin de
n'avoir pas à revenir sur ses pas au cours
de sa promenade.

Les Palais des Forêts, de la Chasse, de la Pêche et des Cueillettes.

En aval du pont, c'est le palais où l'on
a réunies les diverses classes plus ou
moins similaires du NEUVIÈME GROUPE :
Forêts, Chasse, Pêche, Cueillette, comprenant six classes :

Classe 49. Matériel et Procédés des
exploitations et des Industries forestières.

Classe 50. Produits des exploitations
et des industries forestières.

Classe 51. Armes de chasse.

Classe 52. Produits de la chasse.

Classe 53. Engins, instruments et produits de la Pêche. Aquiculture.

Classe 54. Engins, instruments et produits des cueillettes.

Le Palais des Forêts est un édifice de
dimensions considérables qui développe
sur la Seine une façade de 185 mètres de
longueur, d'un effet très pittoresque. Il
repose en partie sur le quai supérieur en
partie sur le quai inférieur. La grande
entrée est située sur le quai supérieur.
La décoration est empruntée aux matières
et objets que renferme le bâtiment et dont
l'énumération des classes faite ci-dessus
indique suffisamment la nature.

C'est en aval du Palais des Forêts que se trouve, sur le quai de Javel, la double usine élévatoire qui alimente la cascade du Château d'Eau, à raison de 200 000 litres par heure, puisés dans la Seine par de puissantes pompes rotatives.

Le Palais de la Navigation commerciale.

En amont du pont d'Iéna, s'élève un autre palais qui fait pendant à celui des Forêts, et qui présente avec celui-ci un certain air de famille. Il est dû, en effet, aux mêmes architectes, MM. Tronchet et Rey. Il est consacré, tout entier à la classe 33 du sixième groupe, c'est-à-dire au matériel de la navigation de commerce. Construit seulement sur le quai inférieur, il occupe, par cela même, une superficie moindre que celle du Palais des Forêts.

Décoré d'attributs nautiques, il se termine, à l'est, par une façade latérale flanquée d'un phare portant un mât de sémaphore.

Les objets qu'il renferme sont des plus intéressants puisqu'ils se rapportent aux matières premières, à l'outillage de construction, aux dessins et modèles de navires, canots, embarcations diverses, remorqueurs, toueurs, appareils moteurs, armement, treuils, palans, chaînes, ancres, haussières, grelins, etc.; appareils à gouverner; transmetteurs d'ordres; mécanismes pour la manœuvre des voiles; feux de position, de signaux; distillateurs; appareils d'éclairage, de chauffage, d'aérage, de ventilation; appareils spéciaux pour la production et l'emploi de l'électricité; appareils frigorifiques; instruments spéciaux de précision et d'horlogerie; pavillons et signaux; mobilier spécial, etc.; appareils de sauvetage, natation, etc.

Cette classe vraiment privilégiée renferme également la navigation de plaisance, pour laquelle une annexe spéciale a été aménagée sur la rive droite de la Seine, où nous la rencontrerons lorsque nous visiterons cette partie de l'Exposition.

VI

Le Trocadéro

Vue d'Ensemble.

Nous n'avons plus rien à voir sur la rive gauche de la Seine.

Franchissons le pont d'Iéna, qui fait partie de l'Exposition et qui a été considérablement élargi, et rendons-nous au Trocadéro.

Chemin faisant, nous pouvons admirer à la fois les perspectives de la Seine, en amont et en aval, et le superbe panorama en amphithéâtre qui s'étage devant nous, depuis le quai de la rive droite jusqu'au Palais du Trocadéro, heureux mélange de parcs élégants et de pittoresques constructions.

En face du pont, le centre de ces jardins est consacré à la section algérienne; — à gauche s'éparpillent les nombreux pavillons des possessions françaises d'outre mer; — à droite, les colonies étrangères et les pavillons de quelques nations de l'Extrême-Orient et de l'Afrique.

Une annexe, située derrière le Palais du Trocadéro, et que nous rencontrerons sur notre chemin, lorsque le moment sera venu, est spécialement affectée à notre colonie de Madagascar, et reliée à l'enceinte de l'Exposition par une passerelle.

La Section Algérienne.

La Section Algérienne occupe une place d'honneur, la plus en vue dans les jardins du Trocadéro, et l'on conviendra que ce rang est amplement justifié par l'importance de cette France africaine.

Elle forme deux groupes bien distincts, séparés par la large avenue centrale.

A droite, se trouve l'exposition algérienne officielle, grande construction d'architecture arabe, que domine, dès l'abord, une gracieuse reconstitution du minaret de Sidi-Bou-Medine, près de Tlemcen, avec une décoration en faïence modelée et colorée.

L'intérieur comporte une série de salles et de galeries, rappelant, en plan,

Des plans explicatifs extrêmement détaillés, des cartes précises, des photographies, font connaître, par le menu, les ressources considérables que l'Algérie offre aux colons, les lieux propices aux différentes cultures, les mœurs, les habitudes, les occupations journalières de la vie algérienne.

On a l'impression absolue, surtout par

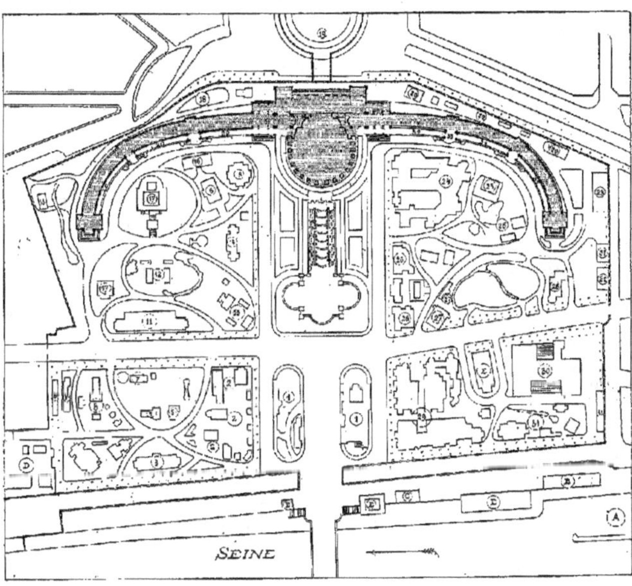

PLAN DES PAVILLONS ÉDIFIÉS AU TROCADÉRO

1, Palais de l'Algérie; le vieil Alger. — 2, Exposition de la Tunisie. — 3, Soudan, Sénégal. — 4, Guinée. — 5, Côte occidentale d'Afrique. — 6, Alliance française. — 7, Côte d'Ivoire. — 8, Dahomey. — 9, Presse coloniale. — 10, Administration coloniale. — 11, Diorama (Océanie, Mayotte, Côte des Somalis, Saint-Pierre et Miquelon). — 12, Indo-Chine. — 13, Tonkin. — 14, Martinique, Guadeloupe, Guyane, Réunion. — 15, Exposition du Ministère. — 16, Nouvelle-Calédonie. — 17, Cambodge. — 18, Congo français. — 19, Madagascar. — 20, Colonisation. — 21, Collectivités. — 22, Missions. — 23, Houillères de France. — 24, Asie russe. — 25, Chine. — 26, Indes néerlandaises. — 27, Transvaal. — 28, Colonies portugaises. — 29, Colonies anglaises. — 30, Egypte. — 31, Japon. — 32, Autriche. — 33, Belgique. — 34, Etats-Unis. — 35, Danemark. — A, Navigation de plaisance. — B, Chambres de commerce maritimes. — C, Voyages animés. — D, Andalousie au temps des Maures. — E, Restaurant.

les constructions orientales qui se composent surtout de cours bordées de colonnades et de portiques. Leur principale décoration consiste en faïences peintes du plus heureux effet.

Quant aux produits qu'abrite cette section, ils embrassent toutes les branches de l'agriculture, de l'industrie, du commerce, de l'art ancien et moderne. Une exposition pédagogique permet d'apprécier les travaux des jeunes élèves des écoles algériennes, tant français qu'arabes.

les jours de soleil, d'une habitation moderne en Algérie. L'art traditionnel s'y allie avec le confortable : anciens meubles algériens, coffres en bois de santal artistement travaillés, trophées d'armes luisantes, costumes, tapis anciens et modernes, dont l'industrie est devenue très florissante. De larges et profonds divans, dans des salles spacieuses et fraîches, offrent au visiteur fatigué leurs coussins moelleux, leurs tapis épais, si harmonieux de couleurs.

Une vasque de marbre blanc, placée au milieu de la cour, laisse susurrer un mince filet d'eau et l'on entend dans le voisinage les ronflements sourds des tambourins et des derbouckas de la rue de la Kasbah.

Cette ensemble donne l'illusion de la vie paisible d'un riche oriental, tandis que du haut du minaret, le muezzin, faisant flotter au vent sa robe blanche, chante l'*ezzan*, qui appelle les croyants à la prière.

Une salle spéciale, réservée à l'archéologie, renferme non seulement les résultats des fouilles faites sur le sol proprement dit de l'Algérie, notamment à Timgad, mais encore les documents libyco-berbères recueillis sur les rochers et pierres écrits du Sahara.

Ce palais officiel couvre environ 2.000 mètres carrés de superficie.

A gauche, s'élève une véritable ville algérienne en miniature formée de maisons, de dômes, de minarets, et percée d'une rue tortueuse et accidentée, inspirée de celles qui conduisent à la Kasbah d'Alger. Cafés maures, orchestres indigènes, aïssaouas, danses du ventre, en forment nécessairement les principales attractions. Toutefois, la vue et le pourtour de la ville renferment en outre, des boutiques et magasins d'un caractère plus sérieux, tout en restant attrayant : nous voulons parler des menus métiers indigènes exercés dans des échoppes minuscules.

A l'extrémité nord de la ville algérienne, une toile panoramique mouvante, dite *Stéréorama*, montre les divers aspects de la côte Algérienne, depuis Bône jusqu'à Oran.

Cette partie de la section algérienne, située sur la pelouse symétrique à celle de l'exposition officielle, occupe nécessairement une superficie identique, mais son extrême variété la fait paraître beaucoup plus vaste.

La Section Tunisienne

La Section Tunisienne est installée immédiatement à gauche de la Section Algérienne, dans les jardins du Trocadéro. Elle occupe une superficie d'environ 4.000 mètres carrés, dont 2.350 couverts,

et son entrée principale se trouve également ment du côté du pont d'Iéna.

Elle comprend le Souk tunisien, qui descend vers la Seine en formant une courbe nécessitée par la configuration du terrain. Ce Souk est divisé en trente-quatre boutiques occupées par trois bazars, un débit de tabacs, et par des artisans qui travaillent sous les yeux du public : un potier de Nabeul, un nattier, un fabricant de lanternes, un chaudronnier de Kairouan, un tisserand en soie, un vannier, un tisserand en couvertures de Gafsa, un tapissier de Kairouan, un menuisier-peintre en meubles, un sculpteur sur bois et incrustateur de nacre, un damasquineur, un ciseleur sur cuivre, un tourneur sur bois et éventailliste, un enlumineur de manuscrits, un calligraphe-relieur, un bijoutier-orfèvre, un sellier-brodeur sur cuir, un cordonnier, un brodeur sur vêtements, un bijoutier de Mokenine, un fabricant de tambours de basque et peintre sur tambours, un peintre en noir sur gargoulettes, un sculpteur sur plâtre, un fabricant de sabots de Béja, un pâtissier-confiseur-limonadier, un barbier, un tailleur-passementier, un parfumeur, un fabricant de beignets et un cuisinier indigène.

Les bâtiments du souk, en partie couverts par des charpentes, en partie par des voûtes, forment de petites rues découvertes, aboutissant à une place plantée d'arbres.

Le reste du pourtour de la section est destiné à des expositions spéciales (archéologie, art rétrospectif, mines et carrières, enseignement public, travaux publics, etc.) et à un restaurant franco-tunisien. Il représente des monuments connus de la Tunisie : la mosquée du Barbier, à Kairouan ; une maison particulière de Tunis, le café de Sidi-bou-Saïd, avec son escalier pittoresque conduisant au premier étage du restaurant ; la mosquée Sidi-Maklouf, au Kef ; la Kasba de Gafsa ; une porte de Sousse ; une porte de Tunis, un petit café de Monastir ; Bab-Djedid à Tunis, etc., etc.

A l'intérieur du pourtour se trouve un grand jardin sur lequel tous les bâtiments environnants ont accès, et au milieu duquel un pavillon, reproduction exacte

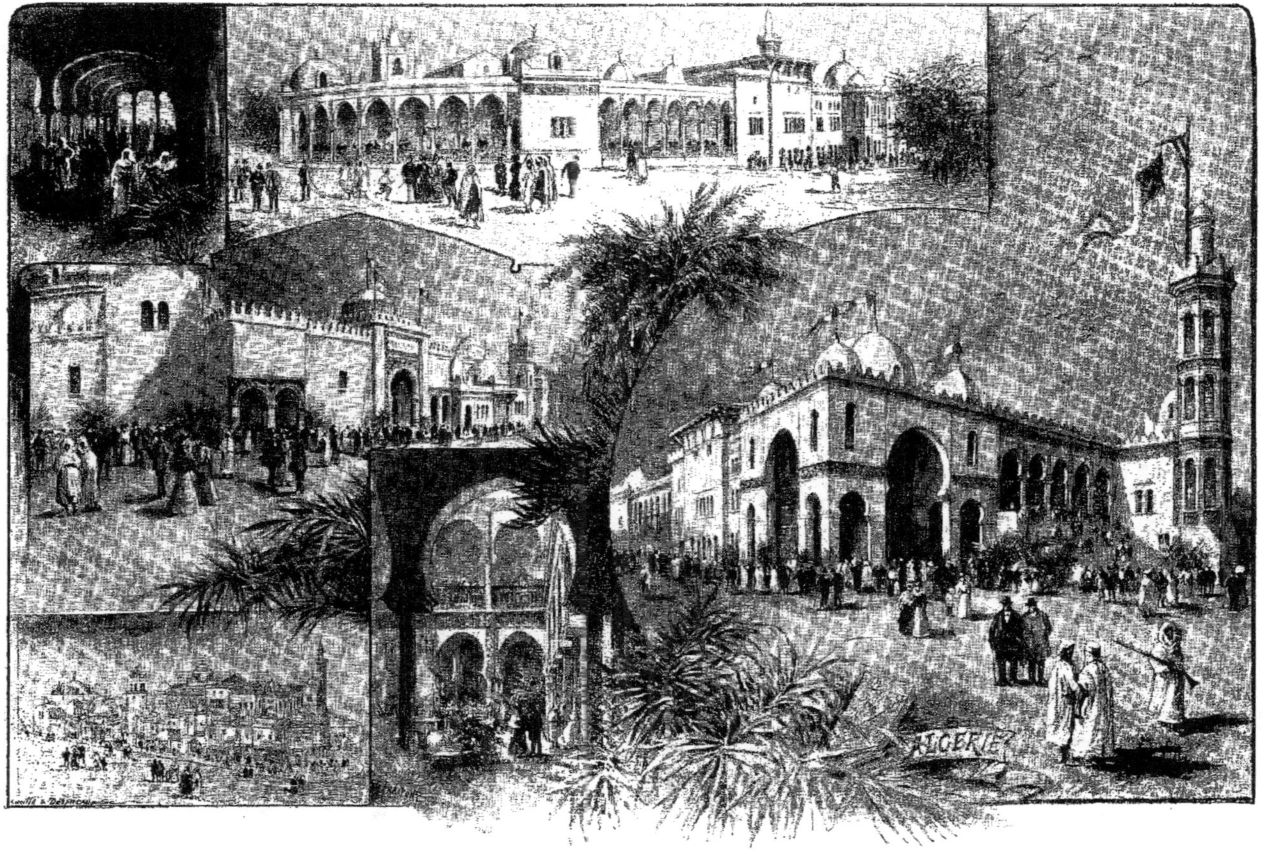

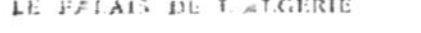

LE PALAIS DE L'ALGÉRIE

de celui de La Manouba, est affecté à un café maure.

Dans la partie haute de la section, qui suit naturellement la pente du terrain, s'élève le bâtiment principal affecté à l'Exposition de l'agriculture, de l'industrie et du commerce. Il a 1.125 mètres carrés de superficie et reproduit la mosquée de Sidi-Mahrez à Tunis. Dans son sous-sol est installée une cave de dégustation pour les vins.

Des projections lumineuses de vues tunisiennes et des fêtes arabes donnent un attrait de plus à cette intéressante section. Il ne faut pas se figurer que ces fêtes soient une répétition de celles de l'Algérie. Elles ont un caractère absolument spécial.

Les Colonies Françaises.

L'immense empire colonial de la France, qui est, de la part de nos rivaux,

CAMBODGE (PAGODE)

l'objet de tant de convoitises et de tant de critiques intéressées, se trouve, quoi qu'on en dise, en pleine voie d'évolution, tant au point de vue des progrès de la civilisation qu'au point de vue commercial.

L'importante place réservée au Trocadéro aux colonies françaises et aux pays de protectorat en est une preuve irréfutable.

Cette section occupe toute la partie ouest du jardin du Trocadéro, soit 50.000 mètres carrés, dont 14.000 mètres carrés de constructions.

En continuant à suivre, vers la gauche, la partie de ce jardin en bordure sur le quai de Billy, le visiteur rencontre tout d'abord les expositions particulières du Sénégal et du Soudan. La richesse de ces deux colonies se trouve surabondamment démontrée par les produits de toute nature, tant naturels que manufacturés, qui y figurent. Une curieuse exposition d'armes, d'étoffes et d'objets usuels fabriqués par les indigènes attire en cet endroit un grand nombre de promeneurs.

Plus loin, s'étend l'emplacement de l'Inde française.

A cet angle des jardins du Trocadéro se trouve rattachée à l'enceinte de l'Exposition une des attractions dues à l'initiative privée : l'Andalousie au temps des Maures. Dans de vastes bâtiments reconstitués d'après les plus beaux édifices espagnols dus à l'art arabe sont ménagés un théâtre pour les danses espagnoles, un restaurant, une piste pour les tournois, enfin un village groupant les métiers et les spectacles les plus attrayants.

En remontant le long de l'extrémité occidentale des jardins, on rencontre le pavillon de la presse coloniale et celui de l'administration coloniale. Dans ce dernier, ont été réunies la plupart des expositions officielles ressor-

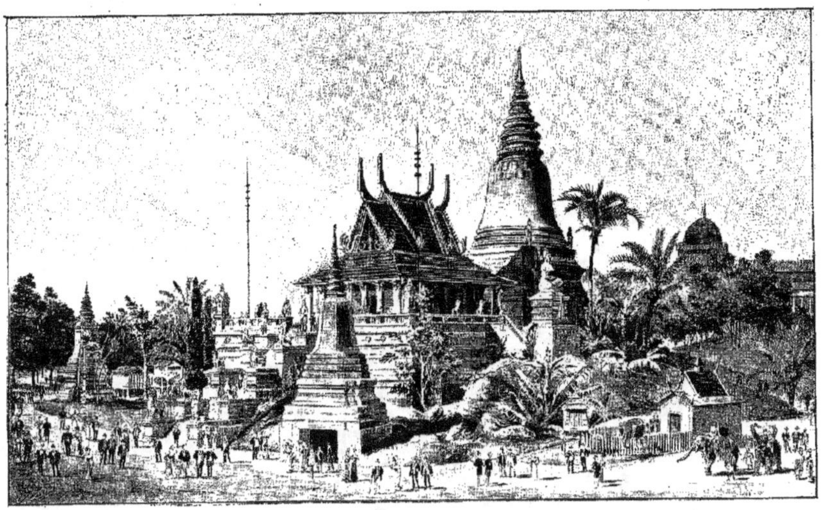

LE PALAIS DU CAMBODGE (*Vue générale*).

tissant au xvii⁰ Groupe : Colonisation,
qui comprend trois classes :

Classe 113. Procédés de colonisation.

Classe 114. Matériel colonial.

Classe 115. Produits spéciaux destinés
à l'exportation dans les colonies.

En revenant sur nos pas, le long du
côté Sud de l'avenue Delessert, nous
visitons successivement les pavillons du
Dahomey, de la Côte d'Ivoire, de la Guinée
Française et de l'Alliance Française pour
la diffusion de notre langue à l'étranger.

Au nord de l'avenue Delessert s'étend
l'exposition de l'Indo-Chine, très importante et qui comprend quatre sections
attribuées aux pays constituant ce groupe
colonial : la Cochinchine, le Cambodge,
l'Annam et le Tonkin. Ce dernier pays,
se trouve juste en face du pavillon principal de la Tunisie.

Au Cambodge, se trouve une reproduction exacte de la célèbre montagne
de Pnom-Penh, surmontée de la pagode
et du « Pnôm », sorte de montagne sacrée
de 10 mètres de haut qui sert de monument funéraire. L'ensemble est très réussi
et d'un fort bel effet.

A gauche du Tonkin, est l'emplacement
des quatre colonies de Saint-Pierre et

Miquelon, de la côte des Somalis, où
figurent les documents relatifs à l'important chemin de fer de Djibouti au Har-
rar, de Mayotte et des Comores, et des
îles de l'Océanie.

Tout près de la porte cintrée du Trocadéro s'élève le pavillon de la Nouvelle-
Calédonie, avec un plan en relief de cette
colonie exécuté avec un soin minutieux.
Puis, séparé du précédent par le Palais
du Ministère des Colonies, le bâtiment
commun à la Martinique, à la Guyane
française, à la Réunion et à la Guadeloupe.

Sous les portiques des deux ailes du
Palais du Trocadéro s'allongent les exhibitions relatives au dix-septième groupe
(colonisation), à gauche la section française, à droite les sections étrangères.

Deux colonies françaises, et non des
moindres, le Congo et Madagascar, n'ont
pu trouver asile que derrière le Trocadéro, la première dans les jardins, la
seconde sur le grand bassin circulaire de
la place.

L'exposition du Congo comprend plusieurs sections où sont réunis les différents
produits de la région, et un Panorama-
Diorama représentant le passage de la

mission Marchand à travers les rapides de Bangui.

L'exposition de Madagascar occupe un palais circulaire auquel on accède à l'aide d'une passerelle réunissant cet édifice au

bourg, à l'extrémité de l'aile occidentale du palais, les premiers bâtiments que nous rencontrons sont ceux des colonies portugaises d'Asie, d'Afrique et d'Océanie.

L'aquarium du Trocadéro, qui a été

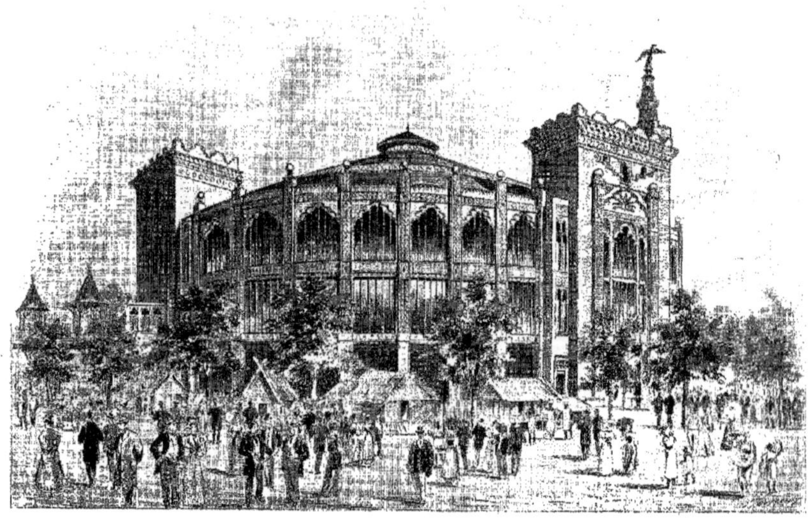

palais du Trocadéro. Elle comprend un grand Panorama, peint par M. Tinayre, représentant la prise de Tananarive et divers dioramas donnant aux visiteurs une idée de la nature et de la vie dans la grande île.

Derrière l'autre aile du palais du Trocadéro se trouvent des annexes du groupe de la colonisation, puis en redescendant vers la Seine, le long de la rue de Magdebourg, l'exposition des Houillères Françaises et des Missions collectives, dont la seule désignation fait pressentir le puissant intérêt.

Les Colonies Etrangères.

Les colonies étrangères et quelques pays d'outre-mer occupent la partie des jardins du Trocadéro symétrique à celle que nous venons de visiter.

En arrivant, le long de la rue de Magde-

conservé, les sépare du pavillon du Transvaal, où la foule se porte avec curiosité.

Cette curiosité est d'ailleurs justifiée et récompensée par l'attrait de cette exposition qui comporte un pavillon officiel et une ferme boer.

Celle-ci, massive, basse, carrée, rappelle d'une manière frappante les constructions bretonnes. Les larges piliers à peine équarris qui soutiennent la toiture de chaume, les blocs pesants qui forment les murailles, donnent une réelle impression de robustesse et de simplicité.

Elle forme le plus intéressant contraste avec le pavillon officiel, pimpant, élégant, doré du pied au faîte, avec ses fines moulures et ses toits casqués de métal et d'ardoises.

En remontant, derrière le Transvaal, le long du bassin central, se trouve la belle exposition des Indes Neérlandaises qui occupe une superficie de 2.500 mètres carrés avec 80 mètres de façade.

Elle comprend trois constructions distinctes : au milieu, en retrait, le temple de Tandji-Sari ; à gauche et à droite, des maisons indigènes.

Le temple de Tandji-Sari a 13 mètres de hauteur, sur une longueur de 17 mètres et une profondeur de 10 mètres. Les moulages des sculptures et des motifs d'ornementation ont été pris sur le temple même, à Java.

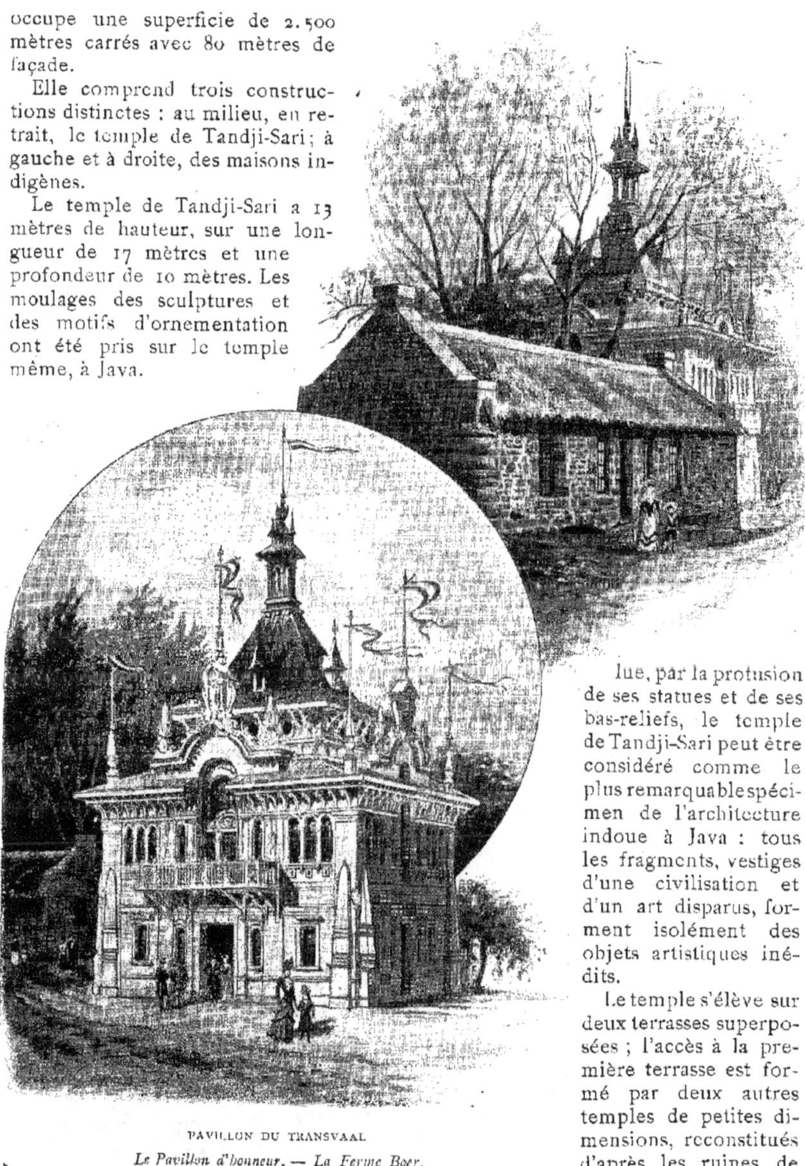

PAVILLON DU TRANSVAAL

Le Pavillon d'honneur. — La Ferme Boer.

lue, par la profusion de ses statues et de ses bas-reliefs, le temple de Tandji-Sari peut être considéré comme le plus remarquable spécimen de l'architecture indoue à Java : tous les fragments, vestiges d'une civilisation et d'un art disparus, forment isolément des objets artistiques inédits.

Le temple s'élève sur deux terrasses superposées ; l'accès à la première terrasse est formé par deux autres temples de petites dimensions, reconstitués d'après les ruines de Prambanam, à Java.

Par son ordonnance imposante, par son ornementation d'une richesse prodigieuse, mais toujours d'une pureté absolue. Les soubassements de la deuxième terrasse sont revêtus de bas-reliefs choisis parmi les plus remarquables de ceux qui

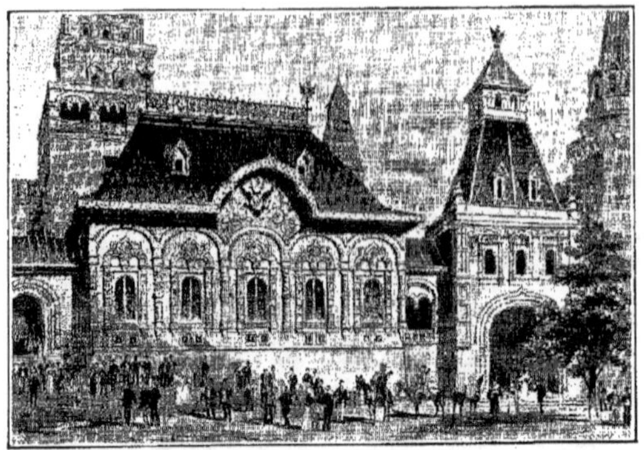

PALAIS DE L'ASIE RUSSE (ENTRÉE PRINCIPALE)

ornent le célèbre temple de Boro-Bou-dor : ils représentent, sur une longueur de 60 mètres des scènes de la vie de Bouddha, depuis l'annonciation de sa naissance jusqu'à sa mort.

Dans l'intérieur du temple, abondent des reproductions des spécimens les plus précieux de l'architecture et de la sculpture javanaises.

Les deux pavillons latéraux élevés sur la même terrasse, en avant du temple central, représentent des types très décoratifs de maisons indigènes du haut plateau de Padang, à l'île de Sumatra. Les toitures, d'une courbe élégante, reposent sur des façades en bois sculpté et doré ; ces ornements ont été également moulés sur des originaux de la Malaisie.

Voici l'exposition de la Sibérie, sur un terrain mesurant 6.000 mètres de superficie. Elle est formée par une reconstitution partielle du Kremlin, de Moscou, à une échelle sensiblement égale à celle de l'original, puisque certains clochers atteignent 50 mètres de hauteur. Délimitée par une haute muraille de briques, crénelée, l'enceinte rassemble les édifices les plus typiques de l'architecture byzantino-orientale.

Derrière les murailles, s'étend une grande cour, bordée de bâtiments divers, rem-plis des produits de la Sibérie et des autres possessions russes de l'Asie.

Une exhibition accessoire des plus intéressantes est celle d'un train de luxe du chemin de fer Transsibérien, tel qu'il fonctionnera en 1901, installé par la Compagnie internationale des Wagons-Lits. Le public y est admis et, confortablement assis dans l'un des wagons, il peut voir défiler sous ses yeux, à droite et à gauche des portières, le panorama entier des pays compris entre Moscou et Pékin. Ce sont d'immenses toiles, dues au décorateur Jambon, que déroule un ingénieux mécanisme. L'illusion est complète.

Il y a des arrêts aux divers gares, des buffets, servis, suivant la ville, par des Sibériens ou par des Chinois, et l'on débarque enfin dans une gare chinoise, d'où l'on passe dans la section du Céleste-Empire, qui se trouve à côté.

La Chine a deux palais : le grand et le petit.

Le grand palais étale des toits successifs, recouverts de tuiles demi-tubulaires, émaillées en jaune et en vert. De loin, on croirait voir onduler parmi la houle des feuillages les écailles luisantes de quelque gigantesque dragon.

Le petit palais, avec des frises en bois

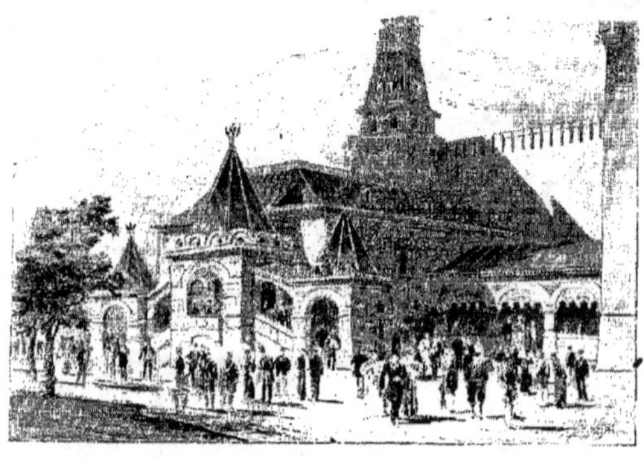

PALAIS DE L'ASIE RUSSE (GRAND PERRON ET CLOITRE)

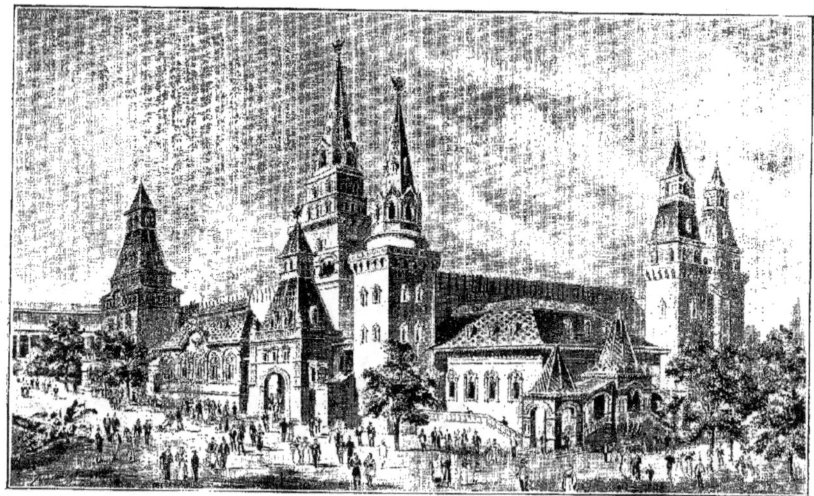

PALAIS DE L'ASIE RUSSE
Vue générale.

sculpté et ajouré, de légères consoles
sous l'avancée du toit inférieur, de fines
colonnes peintes soutenant la vérandah
extérieure, présente un aspect des plus
originaux.

En face du Transvaal, de l'autre côté
de l'avenue transversale, se dressent les
pavillons des Indes anglaises, autour d'un
grand palais réunissant les plus précieuses
ornementations des arts indoux et asia-
tiques.

L'intérieur rivalise d'éclat avec l'extérieur, car les commerçants et industriels
de Calcutta et des grandes villes de l'Hin-
doustan se sont efforcé de rendre cette
exposition aussi brillante que possible.

Les états indigènes de Baroda, de Goua-
lior et de Pendjab ont envoyé des œuvres
d'art, produits du travail indigène. La
Birmanie expose des bois sculptés et deux
vérandahs.

Le trophée central élevé dans le pavillon indien a été construit par l'état de
Cachemire, qui a envoyé en outre une
collection de tapis rares de Srinagar.

Un restaurant français sépare cette
exposition de celle de l'Egypte, qui se
trouve au coin de l'avenue d'Iéna et de
la rue de Magdebourg.

Enfin, notre visite des parcs et des
bâtiments si séduisants du Trocadéro, se
termine à l'exposition du Japon, une des
plus intéressantes de toutes. On y trouve,
à gauche, un bazar japonais d'une architecture originale ; au centre, une maison
de thé ; à droite, un palais renfermant les
œuvres de l'art japonais ancien. Ce dernier palais, d'une hauteur de 20 mètres,
reproduit le style de la pagode de Kondo,
monastère bouddhique érigé au VIIIᵉ siècle
près la ville de Nora.

En face du bazar se dresse un pavillon
à saké, reproduisant la disposition intérieure des établissements analogues exis-
tant au Japon.

De tous les points du Trocadéro, l'œil
découvre des perspectives riantes et cons-
tamment variées, sur les jardins et leurs
bâtiments, sur les palais des rives de la
Seine et sur le Champ-de-Mars. Les plan-
tations y ont été aussi soignées qu'aux
Champs-Elysées et dans les autres parcs
de l'Exposition et y présentent des carac-
tères variés, dignes d'un réel intérêt de
la part des visiteurs.

L'Exposition de Paris de 1900 a consacré, aux diverses sections du Trocadéro,
des études et des dessins auxquels nous
renvoyons le lecteur curieux de plus
amples détails.

VII

La Rive droite de la Seine

Vue d'ensemble.

Voici la dernière partie de l'Exposition que nous ayons à visiter, du moins dans Paris, et sans tenir compte de l'annexe de Vincennes.

Elle se compose de deux portions : l'une sur le quai de Billy, entre le pont d'Iéna et le pont de l'Alma ; l'autre sur le quai de la Conférence et le Cours-la-Reine, entre le pont de l'Alma et le pont des Invalides. La première comprend notamment l'Exposition de la navigation de plaisance et le Vieux-Paris ; la seconde renferme, sur le quai, les palais du Congrès, de l'Horticulture et de l'Arboriculture, et celui de la Ville de Paris ; sur le Cours-la-Reine, la série d'attractions variées auxquelles on a donné la désignation d'ensemble de « Rue de Paris ».

Nous allons parcourir successivement ces diverses parties.

Pour revenir des jardins du Trocadéro sur les quais de la rive droite, on doit, pour ne pas sortir de l'enceinte de l'Exposition, prendre l'une des passerelles jetées sur la tranchée ouverte pour la circulation des quais.

En amont du pont d'Iéna nous rencontrons successivement en allant vers le pont de l'Alma, un restaurant colonial, annexe de la Grande-Bretagne, le pavillon des Voyages Animés, un restaurant français, le pavillon des Chambres de Commerce maritimes, et sur la Seine, l'Exposition de la navigation de plaisance, annexe de la classe 33 (sixième groupe), qui consiste principalement en yachts élégants et en embarcations de luxe de divers modèles et de diverses grandeurs.

A son autre extrémité se trouve un restaurant français, puis la rangée des constructions bizarres et archaïques du Vieux Paris.

Le Vieux Paris.

Cette œuvre de Robida, bien adéquate au tour d'esprit spécial de cet artiste, occupe sur la rive droite de la Seine entre le pont de l'Alma et la passerelle du Palais des armées de terre et de mer, un vaste espace de 6.000 mètres carrés, partie sur la berge, partie sur une large emprise élevée sur pilotis dans la Seine même.

Sa façade n'a pas moins de 260 mètres de longueur.

Pour se reconnaître dans cet amoncellement de constructions qui rappelle bien l'aspect enchevêtré des vieilles cités du moyen âge, il faut le diviser en trois groupes principaux : le quartier des Écoles, à l'entrée, près du pont de l'Alma, avec ses rues serpentant entre la porte Saint-Michel, la tour du Louvre et l'église Saint-Julien des Ménétriers ; la partie centrale, après la place Saint-Julien, sur laquelle s'élève un des

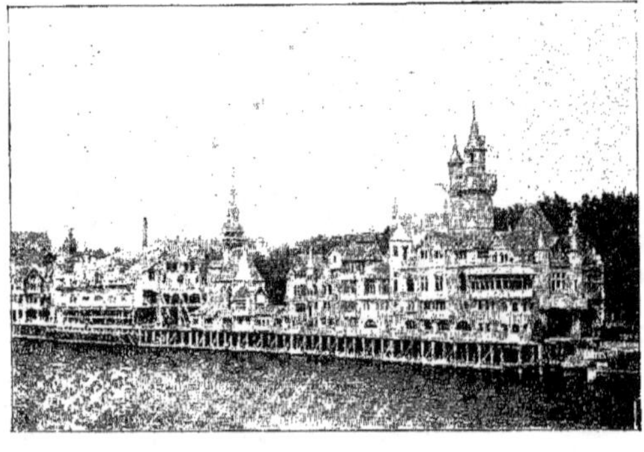

LE VIEUX PARIS (*Vue prise de la Seine*).

édifices les plus fameux de la Renaissance, la Chambre des comptes du xvie siècle, disparue dans l'incendie de 1737 ; là, dans un ensemble de constructions, restes d'hôtels ou logis fatigués par les siècles encadrant une vaste cour, — la *Cour de Paris* —, se trouve un théâtre-concert, le plus curieusement installé de tous les théâtres.

Le troisième quartier, enfin, comprend un pont à maisons le Pont-au-Change dominé par quelques bâtiments du Grand-Châtelet. le Palais, avec sa grand'salle et l'escalier de la Sainte-Chapelle, un coin de la rue de la foire Saint-Laurent, et enfin une rampe dominant la tour de l'archevêché et diverses autres constructions.

LE VIEUX PARIS
Vue panoramique.

Pour le détail extrêmement intéressant de ces divers édifices, on ne saurait mieux faire que de se reporter à la description qu'en a donnée M. Robida lui-même, dans *l'Exposition de Paris de 1900*, en les accompagnant d'une série de charmants dessins de son habile et fin crayon.

Bien entendu, le Vieux Paris est habité par de « vieux Parisiens », en costumes du temps qui restituent sous les yeux du visiteur, la vie réelle de l'époque avec ses mœurs, ses travaux, ses plaisirs, ses fêtes.

C'est dire l'attrait de l'ensemble, cadre et spectacles.

Le Palais des Congrès.

En amont du pont de l'Alma se dresse un bâtiment carré, trapu, troué de larges fenêtres qu'ornent de grosses guirlandes.

Une large terrasse sert de toiture à ce palais, que surmontent de hauts mâts peints et dorés où claquent des oriflammes.

C'est le Palais de l'Économie sociale [1] et des Congrès.

Il ressemble, de loin, à un lourd « palazzo » napolitain ou cypriote.

De près, l'allure change un peu, d'autant plus que des pendentifs, des écussons et des cartouches rompent la monotonie blanche de la façade.

Cent trente Congrès au moins se tiendront là. Les questions les plus diverses y seront agitées, comme on peut en juger par la liste suivante, encore incomplète. Accidents du travail et assurances sociales ; actuaires ; aéronautique ; agriculture ; alimentation rationnelle du bétail ; alliance coopérative internationale ; alpinisme ; américanistes ; anthropologie et archéologie préhistorique ; anti-esclavagiste ; apiculture ; appareils à vapeur (surveillance et sécurité en matière d') ; agriculture et pêche ; arboriculture et po-

1. Ce palais est consacré au SEIZIÈME GROUPE, comprenant les classes suivantes : *Classe* 101, Apprentissage, protection de l'enfance ouvrière ; *Classe* 102, Rémunération du travail, participation aux bénéfices ; *Classe* 103, Grande et petite industrie, association coopérative de production ou de crédit, syndicats professionnels ; *Classe* 104, Grande et petite cultures, syndicats agricoles, crédit agricole ; *Classe* 105, Sécurité des ateliers, Réglementation du travail ; *Classe* 106, Habitations ouvrières ; *Classe* 107, Sociétés coopératives de consommation ; *Classe* 108, Institutions pour le développement intellectuel et moral des ouvriers ; *Classe* 109, Institutions de prévoyance ; *Classe* 110, Initiative publique ou privée en vue du bien-être des citoyens ; *Classe* 111, Hygiène (Pavillon spécial) ; *Classe* 112, Assistance publique.

mologie ; architectes, architecture et constructions navales ; assistance publique et bienfaisance privée ; associations ouvrières de production ; automobilisme; aveugles (pour l'amélioration du sort des); études basques; bibliographie; botanique; boulangerie ; chemins de fer; chimie, chimie appliquée; chronométrie; colonies ; commerce et industrie; crédit populaire ; dentaire; dermatologie et syphiligraphie ; droit maritime; écoles supérieures de commerce (association des anciens élèves des); éducation sociale; électricité; enseignement agricole; enseignement du dessin ; enseignement des langues vivantes ; ensei-

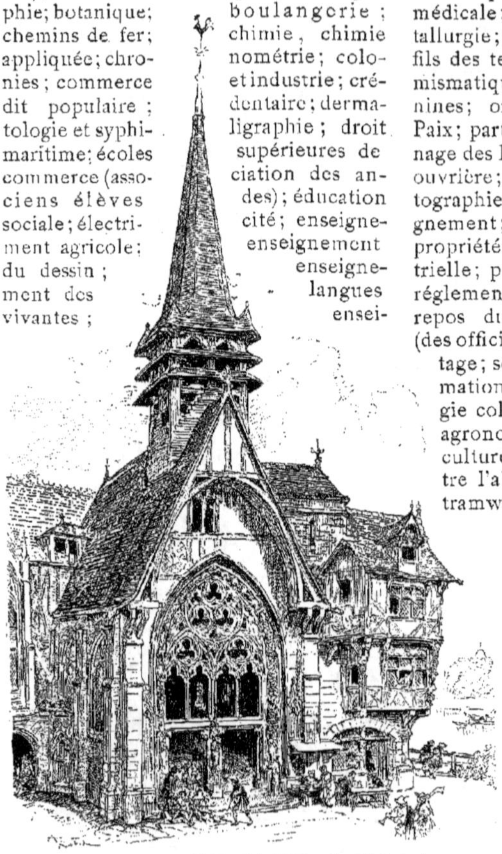

LE VIEUX PARIS (*Eglise Saint-Julien des Ménétriers*).

gnement populaire (des sociétés laïques d') enseignement primaire ; enseignement secondaire; enseignement des sciences sociales; enseignement supérieur ; enseignement technique, commercial et industriel ; essais des matériaux (des méthodes); ethnographiques (des sciences) ; des femmes (de la condition et des droits); des fruits à pressoir (pour l'étude). Géographie économique et commerciale; géologique; habitations à bon marché; histoire comparée : histoire des religions; homéopathie; horticulture ; hygiène, hypnotisme; matériel théâtral; mathématiciens; mécanique appliquée; médecine; médecine professionnelle et déontologie médicale; météorologie; mines et métallurgie; navigation; numérotage des fils des textiles (pour l'unification); numismatique; œuvres et institutions féminines; ornithologique; Congrès de la Paix; participation aux bénéfices; patronage des libérés; patronage de la jeunesse ouvrière; pharmacie; philosophie; photographie; physique; presse de l'enseignement; presse médicale; prévoyance; propriété foncière; propriété industrielle; propriété littéraire et artistique; réglementation douanière; psychologie; repos du dimanche; sapeurs-pompiers (des officiers et des sous-officiers); sauvetage; sociétés coopératives de consommation; sociétés par actions; sociologie coloniale; sourds-muets; stations agronomiques; sténographie; sylviculture; syndicats agricoles; tabac (contre l'abus du); traditions populaires; tramways; titres des matières d'or et d'argent (de l'unification); valeurs mobilières; viticulture; voyageurs et représentants de commerce.

Comme on le voit, il n'y aura pour ainsi dire, pas une seule des branches des connaissances humaines qui ne soit abordée, par les plus éminents spécialistes, dans le modeste Palais des Congrès, pendant la durée de l'Exposition.

Il y a là, pour une certaine catégorie de visiteurs, une attraction spéciale qui a bien son prix.

L'Horticulture et l'Arboriculture.

Sur les Palais de l'horticulture et de l'arboriculture il n'y a rien à dire de particulier, sinon que ce sont de magnifiques serres, très vastes, très hautes, très ornées, d'un aspect élégant et majestueux, qui abritent les expositions du huitième groupe, et où l'on trouvera par conséquent tous les ob-

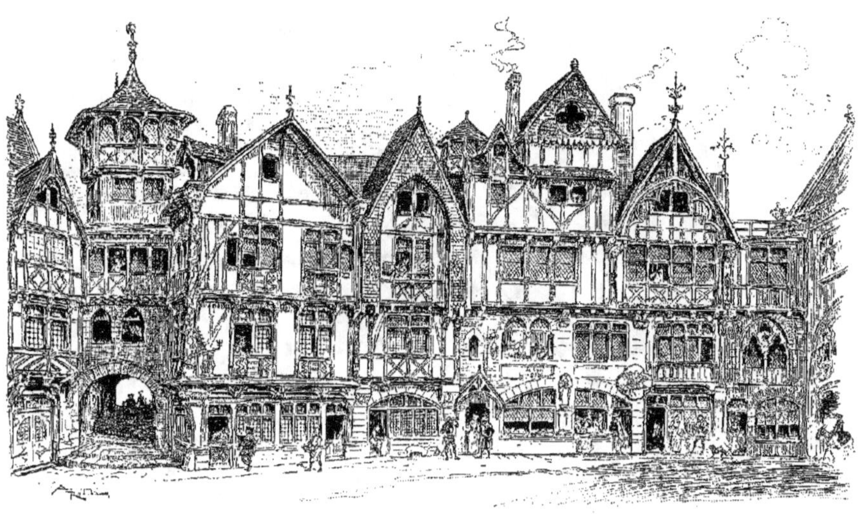

LE VIEUX PARIS (*Rue des Vieilles-Ecoles*).

jets énumérés dans les classes suivantes :

Classe 43. Matériel et procédés de l'horticulture et de l'arboriculture.

Classe 44. Plantes potagères.

Classe 45. Arbres fruitiers et fruits.

Classe 46. Arbres, arbustes, plantes et fleurs d'ornement.

Classe 47. Plantes de serre.

Classe 48. Graines, semences et plants de l'horticulture et des pépinières.

Rappelons que les jardins et parcs de la rive droite de la Seine et des Champs-Elysées, constituent de véritables annexes des expositions de l'horticulture et de l'arboriculture, que jardiniers et pépiniéristes ont parées à l'envi de leurs produits, ceux-ci participant aux concours, au même titre que ceux renfermés dans le palais spécial du huitième groupe.

Le Pavillon de la Ville de Paris.

Cet édifice fait pendant au Palais des Congrès, de l'autre côté du Palais de l'horticulture et de l'arboriculture.

Reflétant dans les eaux de la Seine ses façades blanches, ses toits pointus coiffés d'ardoises, les élégantes et nerveuses flèches métalliques qui portent à leur pointe un monogramme doré et ajouré, celui de la Ville-Lumière, le Pavillon de la Ville de Paris rappelle vaguement la silhouette de l'Hôtel de Ville.

Très sobre d'ornementation, très sévère d'allure générale, il possède pourtant des qualités de finesse et de grâce qui charment l'œil du visiteur, l'amusent et le retiennent ; on trouve dans cette construction légère, faite pour durer six mois, tout le caractère de notre vieille architecture française.

Là sont exposés les spécimens-types des travaux que l'on exécute journelle-

LE VIEUX PARIS
(*Entrée de la rue des Vieilles-Écoles.*)

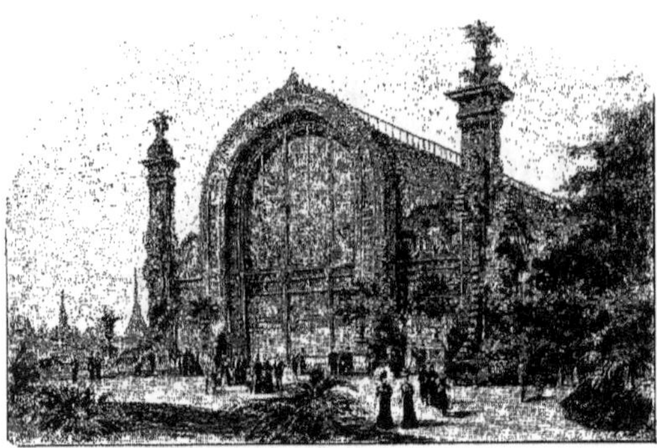

PAVILLON DE L'HORTICULTURE

ment dans les écoles professionnelles. Une curieuse exposition permet de suivre pas à pas les progrès réalisés dans l'éducation et l'enseignement scolaire depuis les débuts de l'instruction obligatoire.

Les grands travaux entrepris à Paris depuis quelques années sont représentés par des plans et par des tracés tenus au jour le jour, et qui permettent de suivre la progression des ouvrages d'art en cours de réalisation un peu partout.

La Rue de Paris.

En arrière de ces trois palais officiels, se développe, sur le Cours-la-Reine, la Rue de Paris, constituée par de multiples attractions d'un goût parisien et moderne.

Les énumérer, c'est presque les décrire.

Ce sont, en allant du pont de l'Alma au pont des Invalides, la Tour du Merveilleux, le Pavillon des Auteurs gais, le Palais de la Danse, reconstitution de toutes les formes de la chorégraphie à travers les âges et

dans tous les pays ; les Bonshommes Guillaume, le Grand Guignol, l'Aquarium de Paris, la Roulotte, le Chat-Noir, la Maison du Rire et le Palais de la Chanson, qui fera pour la muse chansonnière ce que le Palais de la Danse fait pour la chorégraphie.

Nous voici revenus à notre point de départ, c'est-à-dire aux beaux jardins des Champs-Elysées. Nous pouvons les traverser de nouveau pour sortir de l'Exposition soit par l'entrée d'honneur au bout de l'avenue Nicolas II, soit par la Porte monumentale de M. Binet.

Ce qu'il y a de bien certain, c'est qu'en suivant cet itinéraire, en le coupant, bien entendu, « par tranches » d'après le temps dont on dispose, on aura parcouru absolument tous les recoins de l'Exposition, sans omettre le plus petit détail.

C'est ce qui constitue son principal mérite.

En passant, nous avons tout signalé, en insistant davantage sur ce qui présentait le plus d'intérêt, regrettant d'ailleurs de n'avoir pu, faute de place, donner plus de détails à des objets qui l'auraient également mérité à des titres divers.

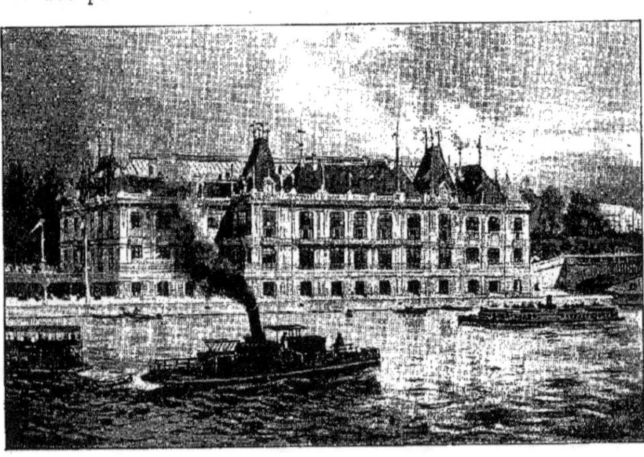

PAVILLON DE LA VILLE DE PARIS

VIII

L'Annexe de Vincennes

Autant pour donner satisfaction à la population de la partie sud-est de Paris, que pour répondre à la demande d'emplacements considérables nécessités par certaines exhibitions, l'administration de l'Exposition Universelle de Paris de 1900 a décidé que celle-ci aurait une annexe dans la région de Vincennes.

L'emplacement choisi à cet effet occupe une superficie de 120 hectares autour du lac Daumesnil, dans les limites suivantes : à l'ouest, l'enceinte des fortifications, entre la porte de Charenton et la porte de Picpus ; — au nord, l'avenue Daumesnil, entre la porte de Picpus et la route n° 15 de Paris à Charenton ; — à l'est, cette dernière route entre l'avenue Daumesnil et la route de Gravelle ; — au sud, la route de Gravelle, entre la porte de Charenton et la route n° 15.

Dans cet espace considérable sont réunies les expositions suivantes :

1° Matériel roulant des chemins de fer et des tramways, entre le lac Daumesnil et la route de Gravelle, sur une superficie approximative de 21 560 mètres carrés.

2° Automobiles, cycles et machines motrices diverses, en façade sur la route de ceinture du lac : 5 600 mètres carrés pour les automobiles, 2 640 pour les cycles, 2 400 pour les machines motrices.

3° Machines agricoles, à l'angle sud-est du lac.

4° Exercices physiques et sports, disséminés sur divers points.

Comme complément indispensable de cette dernière section, pendant la durée de l'Exposition de 1900, une série de concours internationaux d'exercices physiques et de sports, sera organisée dans l'annexe de Vincennes, aux environs, ou sur d'autres points particulièrement favorables à ces concours :

Ceux-ci sont divisés en dix sections : 1. Jeux athlétiques ; 2. Gymnastique ; 3. Exercice ; 4. Tir ; 5. Sport hippique ; 6. Vélocipédie ; 7. Automobilisme ; 8. Sport nautique ; 9. Sauvetage ; 10. Aérostation.

Les concours de jeux athlétiques et de gymnastique auront lieu autour du lac Daumesnil.

Les lieux et dates des concours d'escrime sont fixés comme suit, du 15 mai au 15 juin : fleuret, en quinze ou vingt séances, salle du Trocadéro ; épée, en dix ou quinze séances, avec la terrasse des Tuileries comme lieu de réunion ; sabre, dix journées, salle du Trocadéro.

Les concours de tir se feront dans les terrains du bois de Vincennes.

Les concours de sport hippique auront lieu sur l'hippodrome municipal de Vincennes.

Pour la vélocipédie, une nouvelle piste municipale a été établie au bois de Vincennes ; elle permet des vitesses de 85 kilomètres à l'heure et peut, avec les places debout, contenir près de 80 000 spectateurs.

Les projets d'épreuves cyclistes pour l'Exposition comprennent une partie sportive et une partie militaire, dont voici les programmes résumés :

PARTIE SPORTIVE. — Grand prix cycliste de la Ville de Paris. — 1er jour, dimanche 16 juin ; 2e jour, jeudi 20 juin ; 3e jour, dimanche 30 juin.

Sur le piste d'Auteuil :

Grand Prix de l'U. V. F. — Un jour, dimanche 30 juin.

Championnat de France, vitesse. — Un jour, dimanche 14 juillet.

Championnat de France, fond. — Un jour, dimanche 21 juillet.

Championnats du monde. — 1er jour, 11 août ; 2e jour, 15 août ; 3e jour, 18 août.

Epreuves de l'Exposition (piste de Vincennes) :

Grand Prix de l'Exposition (séries). — 1er jour, dimanche 8 septembre.

Courses internationales. — 2e jour, lundi 9 septembre.

Grand Prix amateurs (séries) et fond. — 3e jour, mardi 10 septembre.

Demi-finales et finale du Grand Prix amateurs et demi-finales et finale du Grand Prix de l'Exposition et demi-fond. — 4e jour, jeudi 12 septembre.

Course internationale. — 5e jour, vendredi 13 septembre.

Prix des Étrangers. — 6e jour, samedi 14 septembre,

Course de vingt-quatre heures (Bol d'Or). 6e et 7e jours, samedi et dimanche 15 septembre.

Partie militaire. — Fête populaire de vélocipédie militaire à donner à Vincennes à une date non encore déterminée et comprenant : Exercice de vélocipédie militaire ; velouse! militaire ; combat (attaque d'un convoi par une compagnie cycliste ; défilé des troupes.

Voici également le programme des concours d'automobilisme pendant l'Exposition :

Concours de voitures de tourisme (quatre catégories) : les 14, 15, 16, 18 et 19 mai.

Concours de voitures de place : les 18, 19, 20, 22 et 23 juin.

Course de vitesse (dite de l'Etoile) : les 23, 24, 25, 27 et 28 juillet.

Course de voiturettes : les 13, 14, 15, 17 et 18 août.

Course de petites voitures de livraison, dites poids légers : les 17, 18, 19, 21 et 22 semptembre.

Concours de véhicules pour marchandises et voyageurs, dits poids lourds : les 8, 9, 10, 12 et 13 octobre.

Pour le sport nautique, il y aura quatre journées de régates à Meulan, au Cercle de la Voile, dans la deuxième quinzaine de mai, pour les yachts de dix tonneaux et au-dessous, et trois journées de régates au Havre et à Trouville en juillet et en août, pour les bateaux de dix à vingt tonneaux.

Trois grands concours de sauvetage auront lieu pendant l'Exposition.

Du 13 au 19 août, concours international de pompes à incendie, à l'annexe de Vincennes.

Les 21, 22 et 23 juillet, concours de sauvetage sur l'eau, en Seine, au bassin de Courbevoie à Asnières.

Le 19 juillet, concours international de premiers secours aux blessés, dans l'enceinte de la piste vélocipédique de Vincennes.

En outre, du 7 ou 18 juin, auront lieu, à l'annexe de Vincennes, des concours universels d'animaux reproducteurs des espèces bovine, ovine, porcine, chevaline et asine.

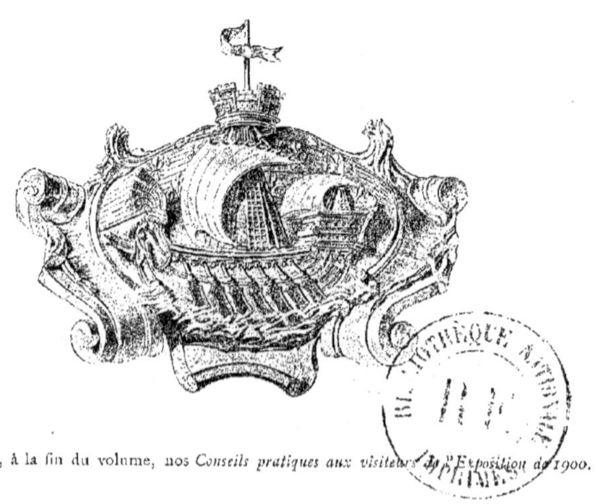

Voir plus loin, à la fin du volume, nos *Conseils pratiques aux visiteurs de l'Exposition de 1900*.

TABLE DES MATIERES

VI

LE TROCADÉRO

VII

LA RIVE DROITE DE LA SEINE

VIII

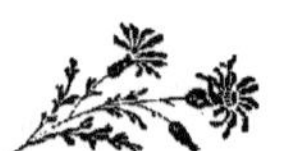

TABLE DES GRAVURES

CONSEILS PRATIQUES

AUX VISITEURS DE L'EXPOSITION DE 1900

I. — BUDGET DU VOYAGE

Frais du Voyage proprement dit (Aller et Retour). — Nous rappelons que les porteurs de Bons de l'Exposition peuvent bénéficier, à leur choix, soit d'une réduction de 25 p. 100 sur le prix des entrées dans les diverses attractions payantes figurant dans l'enceinte de l'Exposition, — soit d'une réduction de même importance sur le prix de leur voyage à Paris (aller et retour), par chemins de fer.

Les diverses Compagnies de chemins de fer et de navigation donnent d'ailleurs, comme aux précédentes Expositions, des facilités exceptionnelles pour venir à Paris avec des billets d'aller et retour à prix réduits, dont la durée de validité s'accroît naturellement suivant la distance parcourue.

Frais de séjour. — Des entreprises se sont organisées pour faciliter le séjour à Paris moyennant un prix convenu à forfait comprenant :

1° Le transport des voyageurs et bagages dans Paris, à leur arrivée et au départ ;

2° Le logement et la nourriture, à raison de trois repas par jour, le service et l'éclairage compris ;

3° 14 billets d'entrée à l'Exposition ;

4° Une journée d'excursion en voiture dans Paris, avec guides expérimentés ;

5° D'autres avantages secondaires que nous ne mentionnons que pour mémoire.

Tout cela pour un voyageur passant une semaine, soit sept jours et six nuits à Paris, lui coûtera 160 francs, ce qui donne une moyenne de 23 francs par jour.

Une autre entreprise similaire offre des avantages analogues, à raison de 116 francs pour huit jours entiers, avec une moyenne de 14 fr. 50 par jour.

On peut également traiter pour quatre jours, au prix de 64 francs, ou pour douze jours au prix de 168 francs ou pour une plus longue durée, moyennant 12 francs par jour en plus, tout compris.

Une personne séjournant à Paris, sans traité à forfait, doit compter sur une dépense quotidienne de 15 à 25 francs, — non compris, bien entendu, les *extra*.

Précautions à prendre. — Déposer, chez un banquier de sa localité, la somme dont on a besoin pour son voyage, et demander une lettre de crédit sur le correspondant de ce banquier à Paris, où l'on retirera ses fonds au fur et à mesure des besoins.

Les Expositions attirant un grand concours de pickpockets, ne porter sur soi que peu d'argent et pas d'objets de valeur tels que montres, bijoux, etc. Se méfier des bousculades et des cohues et veiller à ses poches.

Monnaies étrangères ayant cours en France. —
1° Monnaies d'or belges, suisses, autrichiennes, russes, espagnoles, italiennes, serbes ;
2° Monnaies d'argent belges, suisses et grecques. Les pièces de 5 francs italiennes ont cours, mais non la monnaie d'argent divisionnaire ;
3° Monnaies de bronze. Les sous étrangers ne circulent pas en France.

Change des monnaies. — Voici les monnaies qui, au change, subissent une très faible dépréciation :
Mark allemand — 1 fr. 20 ;
Souverain anglais — 25 francs ;
Dollar des Etats-Unis — 4 fr. 90 ;
Florin des Pays-Bas — 2 francs.
La plupart des autres monnaies, sauf celles d'or, subissent une telle perte au change, qu'il vaut mieux se précautionner de monnaie française avant son départ.

II. — ÉPOQUE DU VOYAGE — HEURES DES ENTRÉES

Époque du Voyage. — Les personnes qui ont la facilité de choisir le moment de leur voyage à Paris, feront bien d'éviter l'époque des vacances, et surtout les mois d'août et de septembre, qui sont ceux pendant lesquels les visiteurs affluent en plus grand nombre.

En octobre, les palais, les parcs, toutes choses, ont perdu de leur fraîcheur primitive. On sent arriver la fermeture.

En avril et mai, les installations sont encore incomplètes. La mise en train se fait.

Les meilleurs mois pour visiter l'Exposition sont donc juin et juillet. — surtout juin.

L'heure des entrées. — A moins que l'on n'ait à faire à l'Exposition des études spéciales en dehors des moments où elle est envahie par la foule, il vaut mieux ne pas la visiter avant dix heures.

En effet, les droits d'entrée dans chacune des enceintes de l'Exposition, c'est-à-dire, à Paris et à Vincennes, sont fixés de la manière suivante :
Entrée du matin avant dix heures : 2 francs.
Entrée générale de dix heures à six heures : 1 franc ;
Entrée du soir à partir de six heures : 2 francs, sauf les dimanches et jours de fête, où le prix de 1 franc sera maintenu le soir également.

Il vaut donc mieux n'entrer à l'Exposition qu'entre dix heures et six heures, pour n'arriver à débourser qu'un seul ticket.

D'autre part, le matin, l'aspect des salles est plus morne; le personnel de l'Exposition s'occupe du balayage et de la toilette des vitrines.

Il est bien plus agréable, pendant ce temps, de faire, dans Paris, les promenades que l'on a projetées, et de consacrer l'après-midi à l'Exposition. Une fois entré, on peut y prendre son repas du soir et y passer toute la soirée sans nouvelle dépense de tickets.

Si l'on veut passer sa soirée dans un théâtre, dans un concert, etc., le mieux est de sortir de l'Exposition de bonne heure et d'aller dîner dans le voisinage du lieu que l'on doit visiter.

III. — LOGEMENT ET NOURRITURE

Logement. — On fera bien de s'assurer, avant son départ pour Paris, une chambre pour la durée de son séjour, à un prix arrêté d'avance, si l'on ne veut pas s'exposer à des mécomptes,

Si l'on compte passer à Paris quinze jours ou plus, surtout si l'on voyage en famille, on aura avantage à louer une chambre ou un appartement meublés.

Il ne faut pas chercher à se loger dans le voisinage de l'Exposition. Tout y est retenu depuis longtemps et hors de prix.

D'ailleurs, la multiplicité et la rapidité des moyens de transport sont si grandes que l'on peut se loger en n'importe quel point de Paris et même de la banlieue, à des prix abordables, avec les plus grandes facilités pour se rendre à l'Exposition.

Nourriture. — On peut déjeuner et dîner fort bien, à raison de 3 francs par repas, soit à l'hôtel où l'on est descendu, soit dans n'importe quel quartier de Paris où l'on a été conduit par ses promenades.

Dans l'enceinte de l'Exposition abondent les restaurants de tous genres et de tous prix.

1° *Restaurants de luxe :* aux deux extrémités du pont Alexandre III, sur la berge ; — le long de la Rue des Nations, dans le pavillon de la Turquie, de l'Autriche, de la Bosnie-Herzégovine, de la Hongrie, de la Norvège, de l'Allemagne, de l'Espagne, de la Grèce ; — au Champ-de-Mars, en bordure sur les jardins du centre, le long des Palais des Industries Mécaniques et des Industries Chimiques, et dans la partie la plus rapprochée de la tour Eiffel, des Palais des Fils et Tissus et du Génie Civil ; en bordure de l'avenue de Suffren, le restaurant munichois ; — près de la tour Eiffel, au Palais du Costume, au Tour du Monde, au Chalet Suisse, au Touring-Club, au Palais de la Femme, au Cinéorama ; — au Trocadéro, des deux côtés du pont d'Iéna, à l'Inde Britannique, à l'Egypte, aux Indes Néerlandaises, à la Chine, à l'Asie Russe, etc.

2° *Restaurants à prix moyens :* deux du côté de la rue de Constantine parmi les annexes, deux du côté de la rue Fabert, aux annexes de l'Autriche et du Japon ; — sur le quai d'Orsay, le restaurant roumain situé près du Pavillon de la Presse ; — au Champ-de-Mars, le long des façades des Palais des Fils et Tissus et du Génie Civil, dans la partie la plus rapprochée des Palais de la Mécanique et des Industries chimiques ; — au Trocadéro, près de l'Exposition de la Navigation de Plaisance, — et enfin tous les restaurants de la rue de Paris.

3° *Restaurants à prix fixe :* il y en a un à chacun des angles du Champ-de-Mars, un cinquième vers le milieu de l'avenue de Suffren, un sixième entre l'Exposition de la Navigation de Plaisance et le Vieux Paris.

4° *Kiosques alimentaires :* une centaine de kiosques, répartis sur tous les points de l'Exposition, sont spécialement affectés à la vente des provisions de bouche : pain, conserves, charcuterie, boissons, fruits, etc., et des emplacements spéciaux seront mis à la disposition des personnes désirant se restaurer en plein air.

IV. — MOYENS DE TRANSPORT

Voitures de places. — Le prix des voitures de places ne varie pas pendant l'Exposition. Il reste de 1 fr. 50 pour la course, de 2 francs pour l'heure. Il faut donc résister aux exigences des cochers qui ont la prétention d'imposer des tarifs supérieurs. Il est d'usage de leur donner un pourboire de 25 à 50 centimes en sus du tarif, lorsqu'ils sont polis et complaisants.

Omnibus et tramways. — Presque toutes les lignes d'omnibus et de tramways, soit directement, soit par correspondance, donnent accès à l'une des trente-six portes de l'Exposition. Intérieur : 30 centimes, avec droit à la correspondance. Impériale : 15 centimes (15 centimes en plus pour avoir une correspondance).

Bateaux-Omnibus. — Les bateaux-omnibus permettent de faire tout le trajet de la Seine, d'une station quelconque à toute autre station, depuis le Point-du-Jour jusqu'au pont de Charenton, à raison de 10 centimes par personne les jours ordinaires, et de 20 centimes les dimanches et jours fériés.

Ils desservent l'Exposition, tant sur la rive droite que sur la rive gauche, aux pontons du pont de la Concorde, du pont des Invalides, du pont de l'Alma et du pont d'Iéna.

C'est le moyen de transport le plus économique et le plus agréable, surtout pendant la belle saison.

Chemin de fer Métropolitain. — Il traverse Paris, dans sa plus grande longueur, de la porte de Vincennes à la Porte-Maillot, avec des stations, à la place de la Concorde et aux Champs-Elysées (entrée d'honneur de l'Exposition). A la place de l'Etoile, deux embranchements s'en détachent : l'un qui, par le rond-point Victor-Hugo aboutit à la porte Dauphine ; l'autre qui, par l'avenue Kléber aboutit à la place du Trocadéro, et par conséquent à l'Exposition.

Chemin de fer Courcelles-Invalides. — Cet embranchement double le chemin de fer de Ceinture entre la gare de Courcelles et celle du Trocadéro, s'en détache à ce dernier endroit, et par une grande courbe à travers Passy, la Seine, le Champ-de-Mars et le quai d'Orsay, aboutit à l'Esplanade des Invalides, rue de Constantine. Il dessert donc plusieurs des parties de l'Exposition, qu'il met par la Ceinture, en relation avec toutes les autres gares de Paris.

Tramways électriques de pénétration. — Plusieurs nouvelles lignes de tramways électriques de pénétration, dont les tarifs sont de 15 centimes par personne en première classe, 10 centimes en seconde classe, dans l'intérieur de Paris, mettent en relation plusieurs points de la banlieue avec le centre de la capitale. Il n'est pas délivré de correspondances.

Voici les principales de ces lignes qui permettent de se loger dans la banlieue comme nous l'avons conseillé plus haut :

1° Epinay à la place de la Trinité ;

2° Noisy-le-Sec à Paris (près la place de l'Opéra) ;

3° Fontenay-sous-Bois à Paris (place de la République) ;

4° Noisy-le-Sec à Paris (square du Temple) ;

5° Le Raincy à Paris (place de la République) ;

6° Bondy à Paris (place Saint-Michel) ;

7° Pantin (lieu dit les Quatre-Chemins) au port d'Ivry ;

8° Villemomble à Paris (place de la République) ;

9° Boulogne à Vincennes ;

10° Montreuil-sous-Bois à Boulogne ;

11° Neuilly (Saint-James), à Paris (Saint-Philippe du Roule) ;

12° Bonneuil à Paris (pont de la Concorde), avec embranchement sur Vitry, et de Créteil à Bonneuil, par Saint-Maur ;

13° Charenton à Alfortville ;

14° Châtenay à Paris (Champ-de-Mars) ;

15° Billancourt à Paris (Champ-de-Mars) ;

16° Vanves à Paris (Champ-de-Mars) ;

17° Malakoff à Paris (Halles centrales).

Comme on le voit, les lignes 14, 15 et 16 desservent directement l'Exposition.

Les transports dans l'Exposition. — Ils se font par le trottoir mobile et le chemin de fer électrique, dont il a été amplement parlé au cours de ce volume, page 52, et aussi au moyen de fauteuils roulants, de filanzanes malgaches, etc.

Tarif des promenades en filanzane : 5 francs par heure ; 2 fr. 50 par demi-heure ; 1 fr. 50 par quart d'heure et 1 franc par course, de la place du Trocadéro à la Seine et *vice versa.*

V. — VOIES DE COMMUNICATIONS ABOUTISSANT
Aux trente-six portes de l'Exposition.

Trente-six portes, dont quelques-unes à double et triple guichet, donnent accès dans les diverses sections de l'enceinte de l'Exposition.

Nous allons en indiquer les emplacements en suivant l'ordre de numérotation qui leur a été donné sur le plan officiel et en indiquant à mesure quels sont les moyens de communication qui aboutissent à chacune d'elles.

Les portes 1 et 1 *bis* se trouvent sur le quai de Billy, des deux côtés de la tranchée qui livre passage à la circulation des piétons, des voitures et des tramways, au dessous du pont en ciment armée qui relie le pont d'Iéna aux jardins du Trocadéro. La première donne accès sur la berge, où se trouve l'Exposition de la navigation de plaisance ; la deuxième pénètre immédiatement dans les jardins du Trocadéro, en face de la section du Japon. Les tramways à traction mécanique et à nombreuses voitures qui partent du Louvre pour Versailles, Saint-Cloud, Boulogne, Point-du-Jour, y conduisent en quelques minutes.

La porte 2 donne entrée dans les jardins du Trocadéro dans l'axe de l'avenue d'Iéna. Aucune ligne n'y conduit directement, mais les lignes qui conduisent aux portes 1 et 3 sont à proximité.

La porte 3, à l'angle de l'avenue du Trocadéro et de la rue de Magdebourg, ainsi que les portes 4, 5 et 6, place du Trocadéro, sont desservies par les lignes de tramways Hôtel de Ville-Passy, Trocadéro-Gare de l'Est, Auteuil-Madeleine, place Pigalle-Trocadéro, la Villette-Trocadéro, et par un embranchement du chemin de fer métropolitain qui, se détachant de la ligne principale à la place de l'Etoile, suit l'avenue Kléber et aboutit à une station située sur la place du Trocadéro.

La porte 7, avenue Delessert, sera principalement utilisée par la population de Passy et d'Auteuil, de même que les portes 8 et 8 *bis* qui se trouvent sur le quai, du même côté, sur le parcours des tramways Louvre-Versailles.

La porte 9, à l'extrémité de l'avenue de Suffren du côté de la Seine, est desservie par les bateaux-omnibus (station du pont d'Iéna), et donne entrée dans la partie du Champ-de-Mars où sont groupées les attractions.

La porte 10, un peu plus loin et en face, conduit au grand globe céleste, relié lui-même à l'Exposition. La porte 10 *bis* ouvre directement sur le Champ-de-Mars entre le Panorama transatlantique et Venise à Paris.

Les portes 11, 12, 12 *bis*, 13 et 13 *bis*, s'échelonnent le long de l'avenue de Suffren.

La porte 14 se trouve sur l'avenue de la Motte-Picquet, dans l'axe de l'Ecole Militaire et de l'ancienne Galerie des Machines. Elle est desservie par les lignes de tramways et d'omnibus Saint-Philippe-du-Roule-Vanves, Javel-Gare Saint-Lazare, Avenue d'Antin-Issy, Palais-Royal-Ecole-Militaire, Saint-Sulpice-Auteuil, et par le tramway électrique de Vanves à Paris.

Sur l'avenue de la Bourdonnais s'ouvrent les portes 15, 15 *bis*, 15 *ter*, 16 (au bout de l'avenue Rapp, où aboutissent les lignes quai Valmy-Porte Rapp, Bastille-Porte Rapp, Montmartre-Rapp), 17, 18 et 19, ces deux dernières à l'extrémité du quai d'Orsay.

Les portes 20, 21 et 22, à proximité du pont de l'Alma (rive gauche) sont desservies par les stations des bateaux-omnibus qui se trouvent près de ce pont, et donnent accès dans la « Rue des Nations ».

Les portes 23 et 24 sont, de même, desservies par les pontons des bateaux-omnibus du pont des Invalides (rive gauche). La porte 23 s'ouvre sur la Rue des Nations, la porte 24 sur l'Esplanade des Invalides.

L'Esplanade des Invalides est d'ailleurs abordable par huit autres portes : la porte 25, au milieu de la rue Fabert, la porte 26, rue de Grenelle, dans l'axe de l'hôtel des Invalides, les portes 26 *bis*, 26 *ter*, 27, 27 *bis* et 28 le long de la rue de Constantine, et enfin la porte 28 *bis* sur le quai d'Orsay, en face du Ministère des Affaires étrangères. Les omnibus Palais-Royal-Ecole Militaire et Porte Saint-Martin-Grenelle, desservent directement les portes 26 et 26 *bis*. La gare des Invalides et la nouvelle gare d'Orléans sont à proximité.

La porte 29 n'est autre que la porte monumentale de M. Binet, en façade sur la place de la Concorde. Tous les moyens de communication convergent de ce côté : les bateaux de la Seine, le chemin de fer métropolitain, et dix lignes d'omnibus, savoir : Bastille-place de la Concorde, place de la République-Place de la Concorde, Gare de l'Est-Place de la Concorde, Porte Saint-Martin-Place de la Concorde, Panthéon-Place de Courbelles, Passy-Hôtel de Ville, Louvre-Versailles et Louvre-Boulogne-Saint Cloud, Hôtel de Ville-Porte-Maillot, Etoile-Palais-Royal, Gare du Nord-Place de l'Alma, Bastille-Porte Rapp, Javel Gare-Saint-Lazare, Gare des Batignolles-Gare-Montparnasse, Gare de Lyon-Place de l'Alma.

Les portes 30 et 30 *bis* constituent l'entrée d'honneur de l'Exposition, sur les Champs-Elysées, et encadrent une station du chemin de fer métropolitain. L'omnibus Hôtel de Ville-Porte Maillot passe devant ces portes.

Sur l'avenue d'Antin, trois portes : 31, 31 *bis* et 32, donnent entrée dans la partie de l'Exposition sise aux Champs Elysées.

La porte 33, près du pont des Invalides (rive droite) s'ouvre sur le Palais de la Ville de Paris et les Palais de l'Horticulture et de l'Arboriculture.

Les portes 34 et 35, des deux côtés du pont de l'Alma (rive droite), sont desservies par les bateaux-omnibus et par dix lignes de tramways et d'omnibus : gare du Nord-Place de l'Alma, Gare de Lyon-Place de l'Alma, Etoile-Montparnasse, Place de la Chapelle-Pont de l'Alma, Bastille-Porte Rapp, Montmartre-Porte Rapp, Passy-Hôtel de Ville, Louvre-Versailles, Boulogne-Saint-Cloud.

Enfin la porte 36 se trouve sur le quai de Billy, à proximité de la Manutention, presque en face de la passerelle du Palais des Armées de terre et de mer.

VI. — VOIES DE COMMUNICATION
Avec l'annexe de Vincennes.

Les bateaux-omnibus conduisent jusqu'au pont de Charenton, à l'entrée du Bois de Vincennes.

Le chemin de fer de Vincennes, dont la gare est place de la Bastille, départ tous les quarts d'heure. Trajet : quinze minutes. Tarif : 30 centimes en 2e classe ; 45 centimes en 1re classe.

Tramways. — 1° Louvre-Vincennes : 40 centimes à l'intérieur ; 20 centimes à l'impériale.

2° Louvre-Cours de Vincennes et Saint-Augustin-Cours de Vincennes, s'arrêtent à l'intérieur des fortifications, mais les voyageurs peuvent prendre aussitôt le tramway de Nogent qui conduit à Vincennes pour 15 et 10 centimes.

3° Louvre-Charenton, Place de la République-Charenton, Bastille-Charenton, 50 centimes à l'intérieur ; 25 centimes à l'impériale.

Voitures de Place. — Hors des fortifications, l'heure seulement : 2 francs 50, si on la garde pour rentrer. Sinon le cocher a droit à une indemnité de retour de 1 franc. Si on la prend à Vincennes pour rentrer à Paris ; 2 francs l'heure.

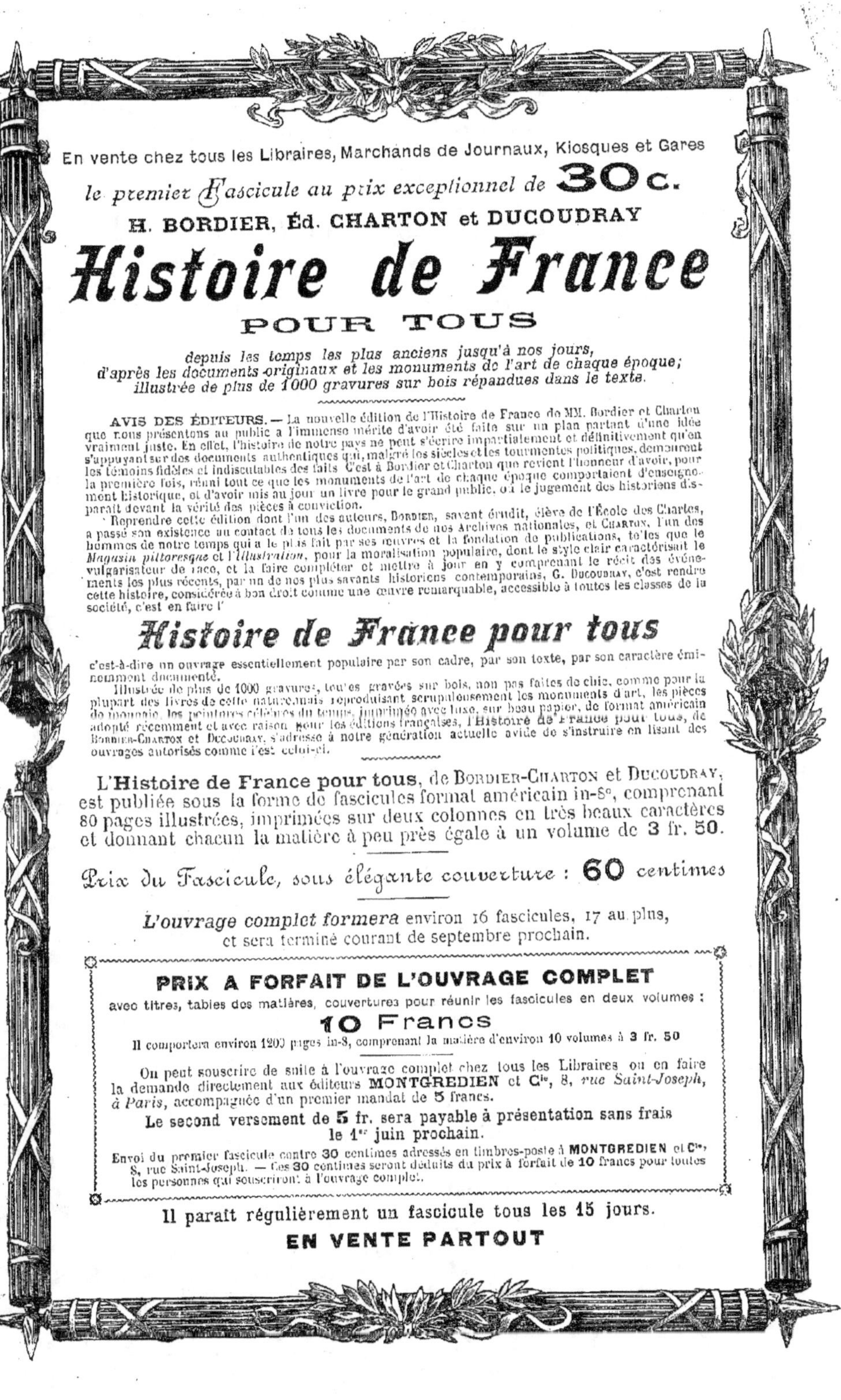